Roland Kaltenegger

Gefreiter der Reserve Matthäus Hetzenauer

Roland Kaltenegger

Gefreiter der Reserve Matthäus Hetzenauer

Vom erfolgreichsten Scharfschützen der Wehrmacht zum Ritterkreuzträger

FLECHSIG

Umwelthinweis:
Dieses Buch und der Umschlag wurden auf chlorfrei gebleichtem Papier gedruckt.
Die Einschrumpffolie – zum Schutz vor Verschmutzung – ist aus umweltverträglichem und recyclingfähigem PE-Material.

4. Auflage 2017

Flechsig Verlag
Internet: www.verlagshaus.com
Einbandgestaltung: Silberwald Agentur für visuelle Kommunikation, Rimpar
www.silberwald.biz
Gesamtherstellung: Himmer GmbH Druckerei und Verlag, Augsburg
www.himmer.de
ISBN 978-3-8035-0060-1

Inhalt

Prolog

„Hetzenauer kam nach [einem Scharfschützenkurs] zur 7. Kompanie des Gebirgsjägerregiments 144, die im Verband der 3. Gebirgsdivision nach Aufgabe des äußerst hart umkämpften Brückenkopfes von Nikopol westlich des Dnjepr in schwere Kämpfe verwickelt war. Mit dieser Kompanie erlebte Hetzenauer die Rückzugskämpfe zwischen Ingulez und Bug in Rumänien, in Ostungarn und in der Slowakei.

Im Raume Schwarzwasser/Teschen kam für diese schwergeprüfte Division das Kriegsende. Während dieser ganzen Kämpfe wurde Hetzenauer, inzwischen Gefreiter geworden, in den Verteidigungsabschnitten seiner Kompanie laufend als Scharfschütze eingesetzt und musste fast täglich Einzelduelle gegen russische Scharfschützen und Maschinengewehrbesatzungen durchführen.

Er lag oft stundenlang mit dem Gewehr im Anschlag trotz Kälte und Nässe auf der Lauer und jede ungeschickte Bewegung konnte für ihn selbst Verwundung oder Tod bedeuten. Der Scharfschütze war hüben wie drüben der Einzelkämpfer mit den besten Nerven und dem schärfsten Auge.

Der Gefreite Matthäus Hetzenauer wurde so zum erfolgreichsten Scharfschützen der gesamten Deutschen Wehrmacht. Er ging 346mal als Sieger hervor und ist unter rund 7.200 Ritterkreuzträgern der einzige, der diese Auszeichnung als Scharfschütze erhielt. Er ist auch der einzige Soldat der ehemaligen Wehrmacht, der den goldenen Scharfschützenadler bekam.“[1]

So steht es im Ehrenbuch des wehrhaften „heiligen Landes“ Tirol über „Hohe Tapferkeitsauszeichnungen an Tiroler im Zweiten Weltkrieg“, an dessen Zusammenstellung kein Geringerer beteiligt war, als der Tiroler Ritterkreuzträger und Militärschriftsteller Oberst Karl Ruef. Zu dessen bedeutendsten Werken zählen die Kriegschroniken der 3. Gebirgsdivision des Generals Eduard Dietl, der als „Held von Narvik“ in die Kriegsgeschichte eingegangen ist,[2] und die der 6. Gebirgsdivision des Generals Ferdinand Schörner, der im Zweiten Weltkrieg schließlich zum einzigen Generalfeldmarschall der deutschen Gebirgstruppe aufgestiegen ist.[3]

VERÖFFENTLICHUNGEN DES INNSBRUCKER STADTARCHIVS

Schriftleitung: Franz-Heinz Hye

Neue Folge, Band 6

HOHE TAPFERKEITSAUSZEICHNUNGEN AN TIROLER IM ZWEITEN WELTKRIEG

von

Wilhelm Eppacher und Karl Ruef

Innsbruck 1975

Herausgeber und Verleger: Stadtmagistrat Innsbruck

Titelblatt des von Wilhelm Eppacher und Karl Ruef herausgegebenen Buches „Hohe Tapferkeitsauszeichnungen an Tiroler im Zweiten Weltkrieg".

Landschaft und Lebensraum der Hetzenauers

Der Lebensraum, in den der Mensch hineingestellt, geboren wurde, prägte ihn von alters her. Wechselbeziehungen zwischen den Bewohnern und ihrem Land hatte es schon immer gegeben und wird es auch, trotz der Nivellierung durch den modernen Massentourismus und trotz der Großstadt- und Industrieeinflüsse weiter geben. Der Mensch ist aber auch ein „Produkt" seiner Geschichte, die vielfach entscheidend von ihren oft unergründlichen Abläufen geprägt wurde und wird.

Das trifft insbesondere auf die traditionsbewussten Tiroler zu. Will man sie näher kennenlernen, sie besser verstehen, so muss man sich mit ihrer geschichtlichen Entwicklung auseinandersetzen. Versucht man, den Charakter der Tiroler zu analysieren, so soll man sich eines stets vor Augen halten: dass sie nämlich – wenn sie sich auch fortschrittlich geben – in ihrer Denk- und Lebensweise in erster Linie konservativ sind. Dabei ist das Wort „konservativ" im Sinne des klassischen Latein zu interpretieren, das „conservare" mit „bewahren" und „erhalten" übersetzt und damit die alten Tugenden meint. Der Konservatismus der Tiroler ist eine bäuerliche Eigenschaft.

Die Wurzeln der Tiroler Bevölkerung liegen zweifellos im ehemaligen keltischen Siedlungsgebiet. Die Kelten waren die Träger der La-Tène-Kultur, deren Beginn um 500 vor Christus angesetzt wird. Ihr Kerngebiet lag zwischen der Seine und Böhmen, dem Niederrhein und dem Alpenraum. Es umfasste ein Gebiet, das schon in der Hallstattzeit eine kulturelle Einheit von den Ursprüngen am Ende des 8. Jahrhunderts vor Christus bis zum Ende durch die keltische Expansion im 5. und 4. vorchristlichen Jahrhundert bildete.

Bereits die Kelten und Römer wussten das bevorzugte Klima des Brixentales zu schätzen. Um 1800 war Brixen im Thale, so die offizielle Schreibweise, vor allem als Kurort bekannt, der neben dem benachbarten Kitzbühel von vielen hohen Persönlichkeiten aufgesucht wurde.

Die Hetzenauers sind allesamt Abkommen eines uralten Bauerngeschlechtes in der Tiroler Gemeinde Kirchberg. Der Stammhof Hetzenau (heute Hetzober) ist im Spertental taleinwärts auf einer linksseitigen Anhöhe vor Aschau gelegen. Im Jahre 902 nach Christus erwarb das Hochstift Regensburg im Zuge einer bayerischen Schenkung das Brixental mit allem, was dieses Tal an Menschen, Grund und Boden besaß. 1133 wird dieses Hochstift auch als Besitzer der Grafschaft im Inntal genannt, welche sich wahrscheinlich von der Mündung der Ziller bis über Nußdorf am Inn stromabwärts am rechten Flussufer erstreckte.[4]

Regensburg dürfte daher auch das Lehen Heznaw besessen haben. Der Regensburger Bischof Albert I. von Pietengau (1247 bis 1259) verpfändete die Besitzungen des Hochstifts in den Unterinntaler Pfarren Söll, Kelchsau und Brixen dem Edlen Gebhard von Velben, der im Brixental begütert war. Wie bei allen Urhöfen waren seinerzeit der Hof- und Sippenname gleichlautend. Erstmals erschien 1394 ein Ulreich von Heznaw als Zeuge in einem Kaufvertrag, mit welchem dem Kirchpropst auf dem Kirchberg in Tirol ein Lehen in der Windau verkauft wurde.

Am 2. Mai 1428 hat der Fürsterzbischof Eberhard von Salzburg dem Liendl von Heznaw in Itter mit „ain halbes Gut Hezenaw in der Sperten“ belehnt. Nach dem Verzeichnis über die Reichssteuer des gemeinen Pfennigs, der sogenannten „Türkensteuer“ aus dem Jahre 1497, waren im Brixental Gilig von Heznaw, Peter von Heznaw, Wolfgang von Heznaw und Gilig von Heznaw Inhaber je eines Viertels Hezenaws.

Während ein gewisser Peter Hezenauer 1574 Hezenaw übernahm, wurde Christian Hezenauer durch Einheirat mit Martha Thannerin Bauer zu Krin am Krinberg im Spertental. Dieser Ehe entstammten vier Kinder, darunter Michael Hezenauer, der am 6. Oktober 1626 Eva Kolbin zu Sonleiten, oberhalb von Brixen im Thale, heiratete. Diesen Besitz übergaben die Eheleute Hezenauer am 15. Februar 1662 an den ehelichen Sohn Gilgen Hezenauer.

Diese aufschlussreiche Ahnentafel lässt sich noch einige Geschlechter weit lückenlos verfolgen, bis am 3. Dezember 1882 Franz Xaver Hetzenauer als siebtes Kind von elf Geschwistern geboren wurde. Sein Sohn war der Chronist Dr. Franz Hetzenauer senior.[5]

Einen Tag vor dem Heiligen Abend 1924 erblickte Matthäus Hetzenauer als Sohn des Sonnleitbauers Simon Hetzenauer und dessen Ehefrau Magdalena, geborene Pöll, im geschichtsträchtigen Brixen im Thale das Licht der Welt. Diese Ortschaft bildet den geografischen, historischen und kulturellen Mittelpunkt des rund fünfundzwanzig Kilometer langen Brixentales, das bei Wörgl als ein Seitental des Inntales einmündet und sich dann über den Bergkamm von Itter mit seinem wehrhaften Sperrriegel und gleichnamigen Schloss über Hopfgarten, Westerndorf und Kirchberg bis in das weltbekannte Skiparadies Kitzbühel erstreckt.

Die Ortsmitte von Brixen im Thale wird von der doppeltürmigen Pfarr- und Dekanatskirche beherrscht, deren Anfänge bis in die frühromanische Zeit zurückreichen, die später barockisiert und nach schweren Bauschäden im klassizistischen Stil erneuert wurde. In diesem Gotteshaus wurde der junge Erdenbürger bereits einen Tag nach seiner Geburt am Heiligen Abend 1924 römisch-katholisch getauft. Wenn auch nur im Unterbewusstsein, so wurde der Sonnleitbauernsohn bereits während dieses christlichen Rituals mit dem Tod konfrontiert. Denn am Weihwasserbecken, das am rechten Eingang der Pfarrkirche steht, ruht eine Engelsfigur unübersehbar über einem Totenkopf.

Welch furchterregender Anblick für einen Neugeborenen! Fortan – insbesondere während seines nervenaufreibenden Einsatzes als Scharfschütze im Zweiten Weltkrieg – sollte der Sensenmann der ständige Begleiter des Matthäus Hetzenauer sein.

In späteren Jahren hat der heranwachsende Bauernsohn, der mit zwei Brüdern und einer Schwester eine arbeitsreiche, aber dennoch glückliche Kindheit sowie eine

Ulreich v.Heznaw 1394

Liendl v. Heznaw 1428

Friedrich v.Heznaw 1453

Gilig v.Heznaw
Hausfrau Margret
Peter v.Heznaw
Wolfgang v.Heznaw
Gilig v.Heznaw
Hausfrau Katharina
Sohn Peter
) 1497

"

Peter v.Hezenaw
Hausfrau Katharina 1544
Sohn

Wolfgang v.Hezenaw
Hausfrau Margret 1544 f.
Sohn

Christan Hezenauer 1574
(Krin)
Hausfrau Martha Thannerin
Sohn

† 26.2.1898

Sohn

Josef Hetzenauer, Schusterb.
Morsbach, geb,10.10.1820
Ehefrau Theresia ,geb.Huber
geb.22.12.1830

Sohn

Georg Hetzenauer, Schusterb.
Morsbach, geb.17.10.1871
(gest. 18.11.1918)
Ehefrau Maria geb.Wagner
geb.2.9.1882, gest.27.7.1936

Sohn

Georg Hetzenauer, Schusterb.
Morsbach, geb.3.7.1908

Michael Hezenauer (Krin) 162o
Sonleiten Brixen verh.mit
Hausfrau Eva Kolbin 6.1o.1626
Sohn (Tom.I,S.64)

Gilgen Hezenauer 1662
Sonleiten
Hausfrau Margret Auer
Sohn

Georg Hezenauer geb.24.5.1663 (Tom.I
Langk.I/65 + 1758 S.91)
Hausfrau Gertrud Kirschnerin
Sohn

Sebastian Hezenauer 1748
Recheisen-Schwoicher, Morsbach
Krälhuben-Schuster
Hausfrau Anna Pertlin
verh. 27.7.1749 † 9.12.1788 (62
Sohn

Georg Hetzenauer geb. 19.4.1755
Schusterbauer gest. 24.4.1817 (62
Hausfrau Katharina Strasser geb.
6.11.1759
Sohn gest. 3.11.1827 (76

Josef Hetzenauer geb.16.3.178o
Schusterbauer
Hausfrau Anna Haselsberger
verh. 1819
Sohn gest. 26.3.1854 (48 J)

Johann Hetzenauer, Sattlerbauer
Wächsee geb. 1824 ,4.1o.
Hausfrau Elisabeth Fuchs
Sohn

Franz Hetzenauer geb. 1882,3.12.
Hausfrau Maria Jäger
Sohn

Dr.Franz Hetzenauer sen. geb.25.2.1911
Ehefrau Erna Patscheider " 18.1.1916
Sohn

Dr.Franz Hetzenauer jun. geb.3.7.1947
Ehefrau Christine Moriel

Die hier abgebildete Ahnentafel des Chronisten Dr. Franz Hetzenauer reicht bis ins 14. Jahrhundert zurück.

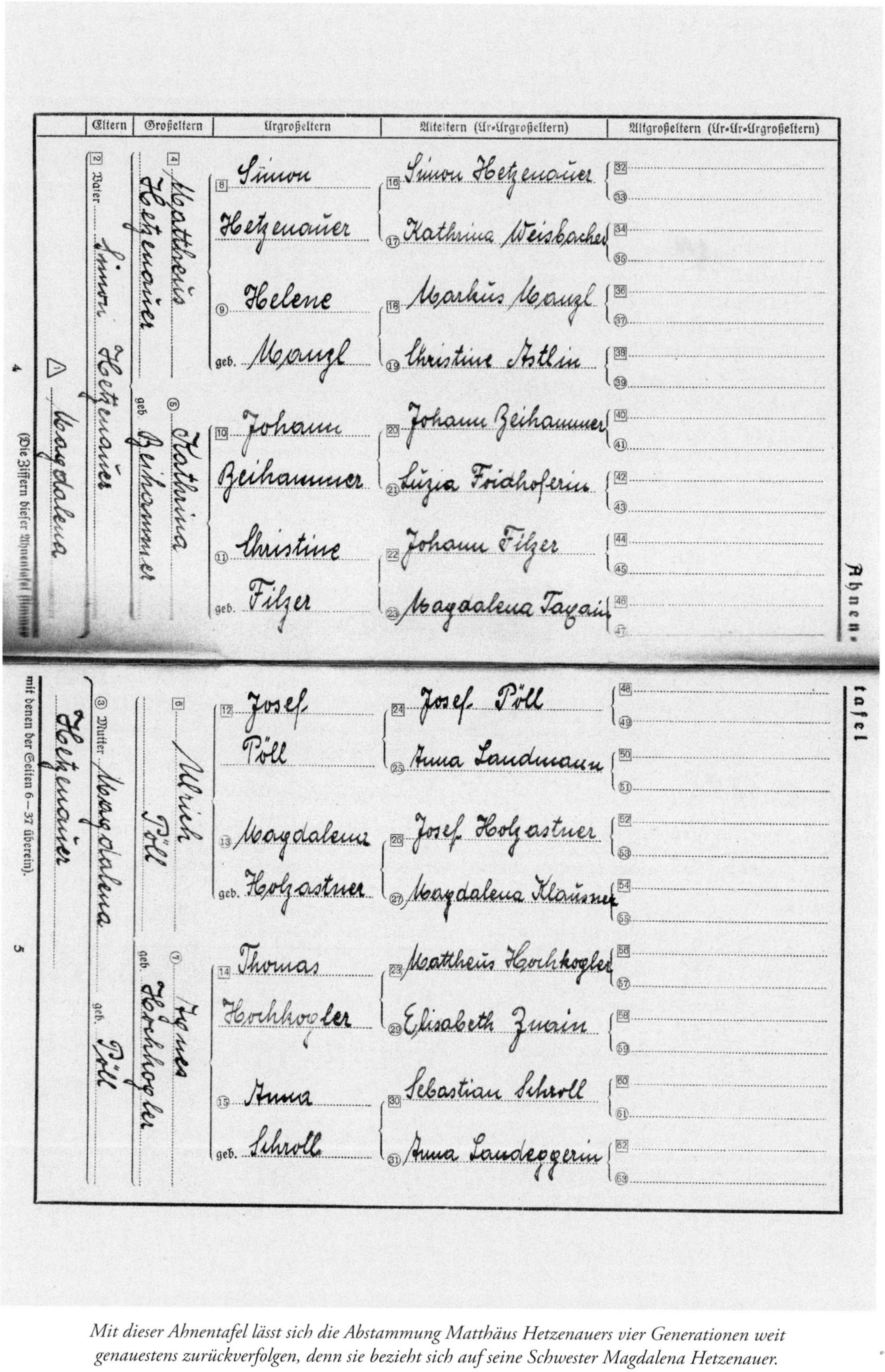
Ahnentafel

Eltern	Großeltern	Urgroßeltern	Alteltern (Ur-Urgroßeltern)	Altgroßeltern (Ur-Ur-Urgroßeltern)
2 Vater Simon Hetzenauer	4 Matthäus Hetzenauer	8 Simon Hetzenauer	16 Simon Hetzenauer	32 … 33 …
			17 Kathrina Weisbacher	34 … 35 …
		9 Helene geb. Mangl	18 Markus Mangl	36 … 37 …
			19 Christine Astlin	38 … 39 …
	5 Kathrina geb. Zeihammer	10 Johann Zeihammer	20 Johann Zeihammer	40 … 41 …
			21 Luzia Fridhoferin	42 … 43 …
		11 Christine geb. Filzer	22 Johann Filzer	44 … 45 …
			23 Magdalena Tagain	46 … 47 …
3 Mutter Magdalena geb. Pöll	6 Ulrich Pöll	12 Josef Pöll	24 Josef Pöll	48 … 49 …
			25 Anna Landmann	50 … 51 …
		13 Magdalena geb. Holzastner	26 Josef Holzastner	52 … 53 …
			27 Magdalena Klausner	54 … 55 …
	7 Agnes geb. Hochkogler	14 Thomas Hochkogler	28 Mattheus Hochkogler	56 … 57 …
			29 Elisabeth Zwain	58 … 59 …
		15 Anna geb. Schroll	30 Sebastian Schroll	60 … 61 …
			31 Anna Landeggerin	62 … 63 …

1 Magdalena Hetzenauer

(Die Ziffern dieser Ahnentafel stimmen mit denen der Seiten 6–37 überein).

4 5

Mit dieser Ahnentafel lässt sich die Abstammung Matthäus Hetzenauers vier Generationen weit genauestens zurückverfolgen, denn sie bezieht sich auf seine Schwester Magdalena Hetzenauer.

kriegsbedingt allzu früh beendete Jugendzeit auf dem Sonnleithof verbrachte, die Pfarrkirche von Brixen im Thale immer wieder betreten, um an den zahlreichen religiösen Feierlichkeiten und Gebräuchen des seinerzeit noch weitgehend abgelegenen und vom Massentourismus noch nicht überrollten Tales teilzunehmen.

Denn in Tirol paart sich die Frömmigkeit der Menschen mit der diesseitsbezogenen Lebensfreude in geradezu idealer Weise. Die Bevölkerung ist überwiegend römisch-katholisch – wenn es auch aufgrund der Säkularisation und der damit einhergehenden Liberalisierung evangelisch getaufte Glaubensbrüder gibt.

Die ausgeprägte Religiosität und Frömmigkeit der Tiroler tritt in vielen Lebensbereichen zutage. In ihr wurzeln die meisten Sitten und Gebräuche wie zum Beispiel die Walpurgisnacht, die Wallfahrten, die Leonhardiritte, die Georgenritte und die Thierseer und Erler Passionsspiele. Sie sind feste Bestandteile der Tradition und des alten Brauchtums im Unterinntal.

Diese Traditionen und alten Werte stehen besonders hoch im Brixental. So reiten bereits seit Jahrhunderten die Bauern am Fronleichnamstag zur Schwedenkapelle, um dafür zu danken, dass das Tal während des unglückseligen dreißigjährigen Glaubenskrieges nicht geplündert wurde. Eine lange Tradition haben auch die Schützen, die Musikkapellen und die Trachtenvereine sowie die herbstlichen Almabtriebe.

In barocker Sinnesfreude feiern die Bewohner des Brixentales ihre Feste. Die malerische Tiroler Tracht, die sich im Großen und Ganzen auf die höfische Kleidung des Barock zurückführen lässt, wird besonders an kirchlichen und weltlichen Feiertagen mit Stolz getragen. Der kostbare Trachtenschmuck ist nicht selten alter Familienbesitz.

Bräuche wie das Palmbaumtragen am Palmsonntag, das Pfingstschießen, das Weihen der „Kräuterbüschl“ am 15. August, dem Fest „Maria Himmelfahrt“, das Erntedankfest am ersten Sonntag im Oktober, das Herbergsuchen, das Weihnachtsschießen und das Sternsingen zwischen Silvester und dem Dreikönigstag sind nach wie vor lebendige Tradition im „Heiligen Land“ Tirol, die eng mit dem Kirchenjahr verbunden ist.

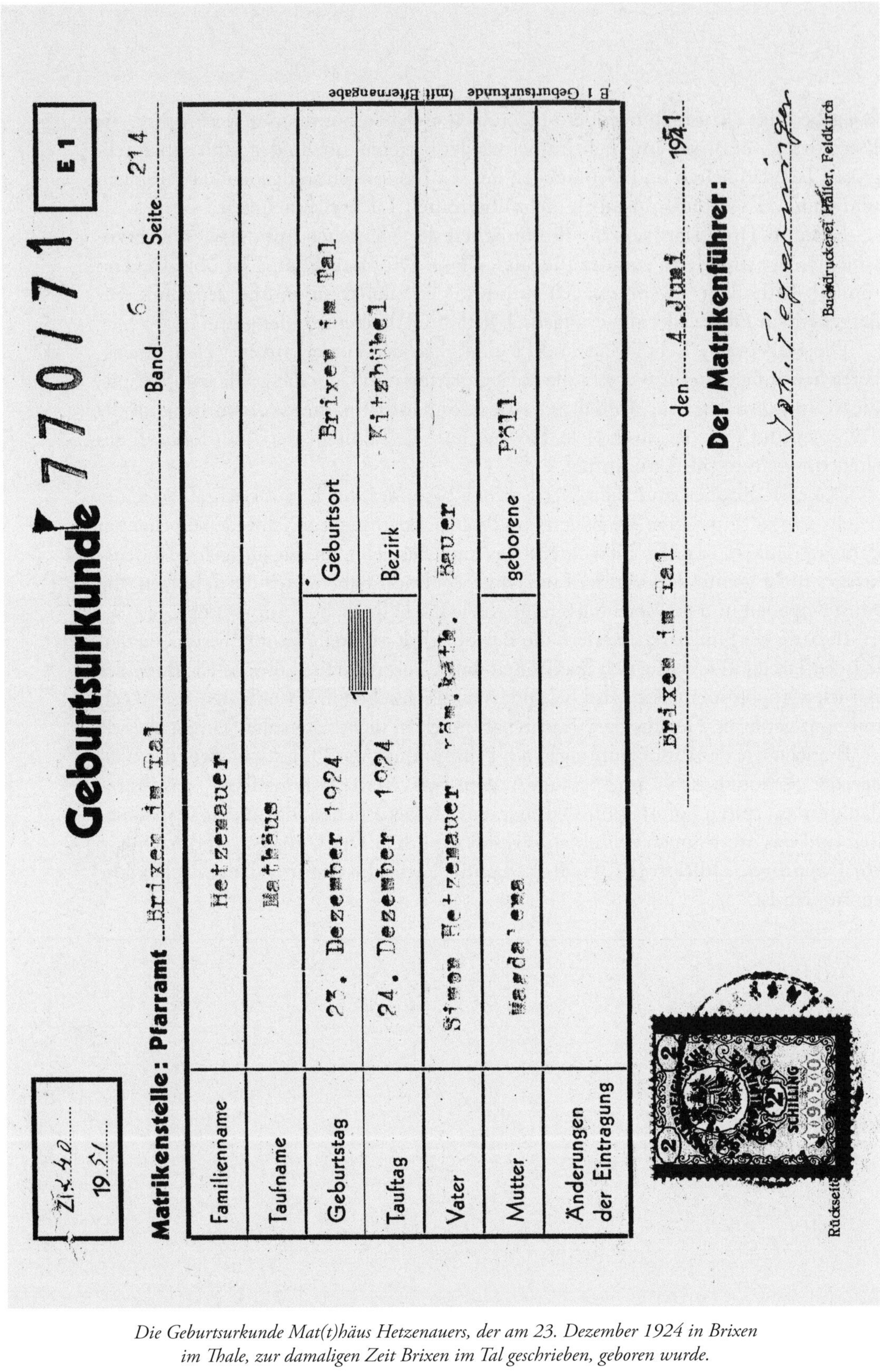

E 1

Geburtsurkunde 770/71

Zl. 40
1951

Matrikenstelle: Pfarramt Brixen im Tal Band 6 Seite 214

Familienname	Hetzenauer		
Taufname	Mathäus		
Geburtstag	23. Dezember 1924	Geburtsort	Brixen im Tal
Tauftag	24. Dezember 1924	Bezirk	Kitzbühel
Vater	Simon Hetzenauer röm.kath.	Bauer	
Mutter	Magdalena	geborene	Pöll
Änderungen der Eintragung			

Brixen im Tal den 4. Juni 1951

Der Matrikenführer:

Joh. Feyersinger

Rückseite

Buchdruckerei Haller, Feldkirch

E 1 Geburtsurkunde (mit Elternangabe)

Die Geburtsurkunde Mat(t)häus Hetzenauers, der am 23. Dezember 1924 in Brixen im Thale, zur damaligen Zeit Brixen im Tal geschrieben, geboren wurde.

Bergbauer und Jäger in den Kitzbüheler Alpen

Das nicht gerade milde Klima Tirols, das seinen Bewohnern viel Kraft, Ausdauer und Zähigkeit abverlangt, wird von der Lage am Nordrand der mächtigen Alpen bestimmt. Das bekannteste Klimaphänomen Tirols – sowie des gesamten nördlichen Alpenrandes – ist der Föhn. Die Altvorderen wurden seinerzeit nicht recht klug aus der Sache und dachten, dass sich milde Lüfte aus dem heißen Afrika bis in die raue nördliche Alpenlandschaft verirrt hätten. Heute wissen wir es besser:

Der Föhn, ein nervenerregender Unruhestifter, bei dem die Berge dunkelblau und ganz nahe zusammengerückt erscheinen, ist ein warmer, trockener Fallwind, der beim Übergang über den Alpenhauptkamm von Süden nach Norden auf der Alpensüdseite feuchtadiabatisch – also wenig – abgekühlt wird und dort somit Niederschläge verursacht; der auf der Alpennordseite aber trockenadiabatisch – also stark – erwärmt wird und so als warmer, trockener Wind ins Tal fällt.

Nach dem Besuch der Volksschule begann für Matthäus Hetzenauer ein arbeits- und entbehrungsreiches Leben auf dem elterlichen Bauernhof, der über dem Brixental an den nördlichen Berghängen der Kitzbüheler Alpen in Sichtweite der Hohen Salve liegt. Dort, inmitten der Bergwelt, liegt das sonnige Brixental mit den einladenden Dörfern Kirchberg, Brixen im Thale und Westerndorf. Mit den nach Süden ausgerichteten Seitentälern bietet es abseits des Hauptverkehrsstromes Naturlandschaften, wie sie nur noch selten zu finden sind.

Unglaublich ist die Vielfalt der unterschiedlichen Bergformationen in den Kitzbüheler Alpen. Vorwiegend findet man hier sanfte Grasberge, die von den Wanderern äußerst geschätzt werden. Almhütten laden zur Rast ein und bieten dem Bergsteiger regionale Köstlichkeiten zur Stärkung. Umrahmt wird die einzigartige Szenerie von einer imposanten Bergkulisse, deren Gipfel unvergessliche Aussichten bieten. Dort findet jedermann – wie einst Matthäus Hetzenauer – garantiert sein persönliches Berg- und Gipfelglück.

Die Kitzbüheler Alpen zählen zu den wildreichsten Gebieten Tirols und des angrenzenden bayerischen Alpenraumes. Kein Wunder, dass der Wildschütz hier – heute vielfach motorisiert – Tradition hat. Wer kennt ihn nicht, den Wildschütz Georg „Girgl" Jennerwein, der von einem Jagdgehilfen auf dem Peißenberg erschossen wurde. Noch heute wird sein Andenken von den Alpenländern liebevoll bewahrt. Alte Schießscheiben mit Bildern von Jennerweins Ende hängen in Gaststuben, Schützenhäusern und Almhütten und tragen somit das Ihrige zur Glorifizierung der Wildererromantik bei.

Durch den massiven Ausbau der Forstwege bis in die Hochgebirgsregionen wird die Wilderei zuweilen ganz anders betrieben. Ein Jungtier wird dann mit Hilfe eines Viehtransporters von der sommerlichen Alm unter mysteriösen Umständen in einer

Nacht- und Nebelaktion entfernt. Wenig später gibt es auf entlegenen Berghütten oder bewirtschafteten Almen eine Woche lang statt Wildbraten vom Reh oder Hirschen nur mehr Kalbsschnitzel in allen nur erdenklichen Kreationen a là Wiener Schnitzel, Naturschnitzel, Zigeunerschnitzel, Jägerschnitzel und dergleichen.

Jagdtrophäen im Haus der Familie Hetzenauer.

Matthäus Hetzenauer, ausgezeichnet mit dem Ritterkreuz des Eisernen Kreuzes (17. April 1945), dem Deutschen Kreuz in Gold, der Nahkampfspange, dem Eisernen Kreuz I. Klasse und dem Infanterie-Sturmabzeichen.

Der Bergkamm von Itter am Eingang des Tiroler Brixentales.

Das gleichnamige Schloss Itter diente Hitler bei Kriegsende als Gefängnis für „Prominente".

Der weltbekannte Wintersportort Kitzbühel am Ende des Brixentales.

Kitzbühel und die Kitzbüheler Alpen mit dem Austragungsort des spektakulären Hahnenkammrennens.

Die Dekanatskirche Mariae Himmelfahrt in Brixen im Thale.

Das Weihwasserbecken mit dem schlafenden Engel auf dem Totenkopf am Haupteingang der Pfarrkirche.

Brixen im Thale, der Geburtsort von Matthäus Hetzenauer, wird eingerahmt durch die Kitzbüheler Alpen.

Der Sonnleithof der Hetzenauers in den Kitzbüheler Alpen.

Die Eltern von Matthäus Hetzenauer als Bergbauern auf dem Sonnleithof.

Auf diesem Bildnis ist Simon Hetzenauer als Jäger zu sehen.

Die Mutter Hetzenauers, Magdalena Hetzenauer, wird auf diesem Bildnis am Spinnrad dargestellt.

Ein bekanntes Tiroler Brauchtum, das auch wie hier im Brixental zelebriert wird, ist das Alphornblasen.

Die Straßengabel, die den Besucher zum Sonnleithof führt.

Ein Tiroler Jäger in voller Bekleidung
und mit Gewehr bewaffnet.

Das Grabkreuz des bekanntesten alpenländischen
Wildschützen Georg Jennerwein in Schliersee.

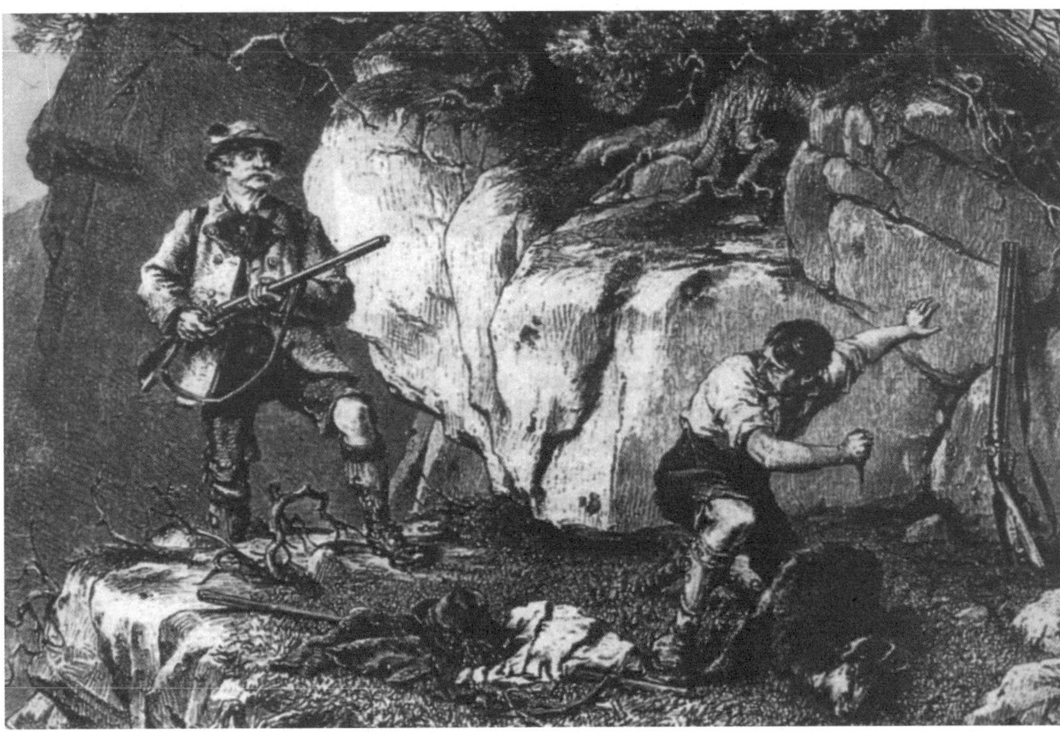

Verklärte Wildererromantik: Ein Revierjäger
stellt einen Wilddieb bei seiner Tat.

Die umfangreiche Trophäensammlung der Hetzenauers.

Auch ein ausgestopfter Auerhahn gehört zur Sammlung.

Bildnis für Josef, den Bruder Simon Hetzenauers,
für seinen Einsatz während des Ersten Weltkrieges.

Gebetsandenken
an Se. Apostolische Majestät
Franz Josef I.
Kaiser von Oesterreich, König von Ungarn, Böhmen etc.

geboren zu Schönbrunn bei Wien am 18. August 1830; trat nach der Thronentsagung Kaisers Ferdinand und der Thronfolge-Verzichtleistung seines Vaters am 2. Dezember 1848 die Regierung an; wurde am 8. Juni 1867 zum König von Ungarn gekrönt; vermählt am 24. April 1854 mit Kaiserin Elisabeth [durch Mörderhand gestorben 10. Sept. 1898]; feierte das 60jähr. Regierungsjubiläum 1908; starb nach 68jähr. Regierung zu Schönbrunn, versehen mit den hl. Sterbesakramenten, am 21. Nov. 1916.

Ein Fürstenherz, schwer geprüft wie keines, das sich verzehrte in Liebe und Arbeit für das Wohl seiner treuen Völker, und das im Glauben und in der Ergebung in Gottes Willen seinen Trost fand in den herbsten Prüfungen, hat ausgeschlagen. Die Majestät des Todes hat die dornenumrankte Herrscherkrone dem greisen Monarchen abgenommen. Weinend stehen Oesterreichs Völker an der Bahre „Franz Josef des Gütigen", den sie nimmer vergessen werden.

Herr, gib deinem Diener Franz Josef die ewige Ruhe, und das ewige Licht leuchte ihm. Herr, lasse ihn ruhen im Frieden. Amen. — Vater unser.

Druck und Verlag des kath. Preßvereines in Linz. 208.17

Gebetsandenken an
Kaiser Franz Joseph I. von Österreich.

Die Ordenssammlung von Josef Hetzenauer
aus dem Ersten Weltkrieg.

Josef Hetzenauer, der Bruder des Scharfschützen Matthäus Hetzenauer, an Fronleichnam.

Bischof Madersbacher führt den Fronleichnamszug an. Dahinter Hetzenauers Sohn Hermann mit der Fahne.

Ein Hirschrudel in den Kitzbüheler Alpen oberhalb von Aurach nutzt die üppige Vegetation.

Der Sohn von Matthäus Hetzenauer, Hermann, hat einen 14-Ender erlegt.

Ein Ausgangspunkt für Klettertouren war Hinterbärenbad inmitten der Felsgiganten des Wilden Kaisers wie Totensessel, Kleine Halt und Ellmauer Halt.

Simon Hetzenauer, der zweite Bruder des Scharfschützen, verstarb bereits als 18-Jähriger.

Josef Hetzenauer, der Bruder des Scharfschützen, während seiner Dienstzeit beim Reichsarbeitsdienst.

Das Übungsgebiet Steinberg im Wilden Kaiser, das sich unweit von Brixen im Thale befindet.

Deckblatt eines Reichsarbeitsdienst-
Passes für die weibliche Jugend.

Magdalena Hetzenauer, die Schwester des Scharfschützen
Matthäus, beim weiblichen Reichsarbeitsdienst.

Die Kaindlhütte am Fuße der Felsabstürze des Scheffauer war ein Ausgangspunkt für die
Gebirgsausbildung des Kufsteiner Gebirgsjägerbataillons im Wilden Kaiser.

In der Kufsteiner Kaserne durchlief Matthäus Hetzenauer seine Ausbildung zum Gebirgsjäger.

Ehrensalut bei der Beerdigung eines Soldaten, der durch einen Unfall ums Leben kam, in Hinterthiersee bei Kufstein am 4. März 1939.

Gebirgsjäger marschieren in geschlossenen Formationen durch Kufstein.

Kufstein war Standort des II. Bataillons des Gebirgsjägerregiments 140.

Einheiten der Wehrmacht beim Einmarsch in die Tiroler Festungsstadt Kufstein.

Deutsche Truppen überschreiten die deutsch-österreichische Grenze bei Kiefersfelden im März 1938 in Richtung Kufstein. Im Hintergrund die neugotische Otto-Kapelle.

Die wehrhafte Tiroler Festungsstadt Kufstein war bei Kriegsende 1945 ein Bollwerk der legendären „Alpenfestung". Im Vordergrund die Inn-Brücke.

Gebirgsjägerausbildung in Kufstein

Andere Zeiten vorausgesetzt, wäre Hetzenauers Leben in geordneten Bahnen als Bergbauer und Jäger im reizvollen Brixental inmitten der wildromantischen Bergwelt der Kitzbüheler Alpen verlaufen. So aber wurde er mitten aus dem geregelten bäuerlichen Alltag durch die Kriegsfurie herausgerissen und als Wehrpflichtiger in den grauen Soldatenrock der Deutschen Wehrmacht gezwängt – jedoch nicht in irgendeinen, sondern in die Berguniform der Gebirgsjäger.

Als Achtzehnjähriger wurde er im September 1942 zum Gebirgsersatzbataillon 140 nach Kufstein eingezogen. Im Jahre 1936 wurde in der Tiroler Festungsstadt mit dem Bau einer Kaserne für zwei Mannschafts- und ein Wirtschaftsgebäude begonnen, die nach dem Anschluss Österreichs an das Deutsche Reich erweitert wurde. Denn am 1. April 1938 wurde in Innsbruck aus der 6. Division des österreichischen Bundesheeres der Ersten Republik unter dem Generalmajor Valentin Feurstein die 2. Gebirgsdivision im Salzburger Wehrkreis XVIII in den Standorten Bludenz, Landeck, Imst, Innsbruck, Hall in Tirol, Schwaz, Wörgl, Kufstein, Salzburg, Saalfelden, Zell am See, St. Johann, Radstadt, Lienz und Spital an der Drau aufgestellt.

In den Friedensstandorten Kufstein und Wörgl wurde das II. Bataillon des Gebirgsjägerregiments 140 aus der Taufe gehoben. Es ging 1938 aus dem Tiroler Landesschützenregiment hervor und wurde zu Kriegsbeginn 1939 dem Innsbrucker Gebirgsjägerregiment 136 zugeteilt und später als II. Bataillon dort eingegliedert. In der Tiroler Festungsstadt absolvierte Matthäus Hetzenauer seine Grundausbildung als Gebirgsjäger sowohl auf dem Kasernenhof als auch im alpinen Gelände des Kaisergebirges, was ihm als abgehärteter Sohn eines Bergbauern, der bereits in sehr jungen Jahren hart anpacken musste und der überdies als Naturbursche in den rauen Bergen zu Hause war, alles andere als schwer fiel.

Die Ausbildung einer Gebirgstruppe braucht mehr Zeit als die einer Flachlandtruppe. Allein aufgrund der gesundheitlichen Erfahrungen und Grundsätze wird für die sich steigernde körperliche und seelische Beanspruchung des jungen Jägers im Gebirgsdienst eine bestimmte Zeit benötigt. Eine gefestigte Grundausbildung in der Ebene ist Voraussetzung für den schweren Gebirgsdienst. Die Ausbildung in der Gebirgstruppe kann jedoch erleichtert werden, indem man zu dieser Truppe ausschließlich Männer einzieht, die in den Bergen aufgewachsen sind und deshalb mit den Besonderheiten des Gebirges vertraut sind.

Im Laufe der Zeit kristallisierte sich in jeder Gebirgseinheit – von der Kompanie bis zum Bataillon – eine besondere kleine bergsteigerische Elite heraus, die für die schwierigen Aufgaben im Hochgebirge besonders geeignet ist. Das deutsche Heer konnte seinerzeit bei der Schaffung dieser Elite im Hunderttausend-Mann-Heer in der sogenannten „Heeresbergführerausbildung“ nach Leistung und Zahl ziemlich weit gehen. Hier ließen sich später erleichternde Wege zur Schaffung einer alpinen Führerschaft durch die Aufstellung von Hochgebirgsjägerbataillonen finden. Diese Einheiten erfuhren dann eine einheitliche Ausbildung, die auf ein hohes bergsteigerisches Niveau und große alpine Leistungen für bestimmte Zwecke der Truppe abzielte.

Für die aktiven Offiziere, Unteroffiziere und die jüngeren geeigneten Reserveoffiziere der Gebirgstruppe wurden jährliche Sommer- und Winterkurse in der Hochgebirgsausbildung eingeflochten. Die Masse der Gebirgstruppe wurde nur bis zur Beherrschung „mittelschweren" Gebirgsgeländes in voller Bewaffnung, mit Schwindelfreiheit und Wetterfestigkeit geschult.

Für die Umstellung einer Flachlanddivision auf „Gebirgsgängigkeit" in Mittelgebirgen – einschließlich der Tragtierausbildung – und die Überholung der Gefechtsausbildung genügten einige Wochen, wobei die Ausbildung am Tragtier je nach verfügbarer Mannschaft die größten Schwierigkeiten bereitete. Die Umstellung einer Flachlanddivision auf „Gebirgsgängigkeit" im Gebirge mit einer Ergänzung der Gefechtsausbildung benötigte demgegenüber sehr viel mehr Zeit.

Bei richtiger Anleitung und Führung werden dann auch diese gebirgsgängigen Divisionen in einem ihrer Leistungsfähigkeit entsprechenden Gelände ihre Aufgaben erfüllen können. Es wäre jedoch ein Irrtum zu glauben, dass man durch die Umstellung von Flachlanddivisionen beliebig viele Gebirgsdivisionen erhalten kann.

Im Gebirge kann nur derjenige bestehen, der eine gründliche Ausbildung durchlaufen hat. Unter diesem Gesichtspunkt wurde die Ausbildung einer Gebirgstruppe in der Deutschen Wehrmacht betrieben. Wertvolle Ausbildungshilfen erhielten die Gebirgsjäger dabei auf der Gebirgsjägerschule in Mittenwald, auf der Hochgebirgsschule im Tiroler Stubaital sowie auf der Heeresunteroffiziersschule für Gebirgsjäger in Wörgl.

Der Bergmarsch ist eine wichtige Vorübung der militärischen Ausbildung im Gebirge. Mit Rucksack und Gewehr auf dem Rücken ist er alles andere als ein Ausflug in die Bergwelt. Auch in schwierigem Gelände muss immer die Ordnung in der Kolonne und Formation gewahrt bleiben. Vor allem sind selbstständige Abkürzungen des Weges zu unterbinden. So stellt der Marsch im gebirgigen Gelände an die Truppe stets hohe physische und psychische Belastungen dar. Die im Hochgebirge herrschenden klimatischen Verhältnisse erschweren überdies die Marschbewegungen. Zuerst müssen die jungen Gebirgssoldaten mit den besonderen Verhältnissen der Berge vertraut gemacht werden. Dabei kommt der Marschausbildung im Gebirge eine große Bedeutung zu.

„Die Marschausbildung soll die jungen Soldaten nicht abschrecken, sondern anregen. Jede Überforderung der Soldaten zu Beginn der Ausbildung ist unbedingt zu vermeiden. Die Anforderungen bei den Bergmärschen sind sinnvoll und stetig zu steigern. Der für jeden Bergmarsch notwendige Leistungswille und die zu fordernde Leistungsbereitschaft stellen sich ganz von selbst ein, wenn der Soldat nach dem ersten Bergmarsch nicht ‚sauer', sondern stolz auf die vollbrachte Leistung ist.

Zu diesem Marsch wird nur das unbedingt notwendige Gepäck (Verpflegung, Kälte- und Nässeschutz) befohlen; die Handfeuerwaffen sind dabei. Allgemein kann gelten, dass bei diesem Eingewöhnungsmarsch ein Höhenunterschied bis zu tausend Metern überwunden wird bei einer Leistung von etwa dreihundert Metern Aufstieg in der Stunde. Der ganze Marsch sollte nicht länger als acht Stunden dauern."[6]

Später sind die Anstrengungen langsam zu steigern. Die Märsche sollen länger und schwieriger, die Ausrüstung einsatzmäßig und die zu überwindende Höhe größer werden.

Nach der Grundausbildung in Kufstein und der umliegenden Bergwelt durfte Matthäus Hetzenauer wieder auf den elterlichen Sonnleithof im altvertrauten Brixental zurückkehren. Das war jedoch nur für eine kurze Dauer, denn bereits im Januar 1943 erhielt er einen erneuten Einberufungsbefehl. Zwischen dem 27. März und dem 1. Juni 1943 absolvierte er daraufhin zunächst eine Grundausbildung als mittlerer Granatwerferschütze. Seine militärischen Stationen sahen in dieser Zeit wie folgt aus:

Laut Meldung vom 1. April 1943:	Einstellung bei der 1. Stammkompanie/Gebirgsjäger-Ersatz- und Ausbildungsregiment II./137
Laut Meldung vom 5. und 6. April 1943:	Zur 10. Kompanie/Ersatz- und Ausbildungsbataillon/Gebirgsjägerregiment II./137
Laut Meldung vom 6. Juni 1943:	Von der 10. Kompanie/Gebirgsjäger-Ersatz- und Ausbildungsregiment 137 in die Stammkompanie II. Bataillon/Gebirgsjäger-Ersatz- und Ausbildungsregiment 137
Laut Meldung vom 18. Juni 1943:	Ins Landesschützen-Ersatz- und Ausbildungsbataillon 18, Lienz
Laut Meldung vom 20. Juni 1943:	Von der 1. Ausbildungskompanie Lienz in die 4. Stammkompanie/Landesschützen-Ersatz- und Ausbildungsbataillon 18
Laut Meldung vom 25. Juni 1943:	In die 3. Stammkompanie/Landesschützen-Ersatz- und Ausbildungsbataillon 18
Laut Meldung vom 29. Juni 1943:	In die 4. Stammkompanie/Landesschützen-Ersatz- und Ausbildungsbataillon 18

(Erkennungsmarke: -5718- l.Stm.Kp. II. Ers.Btl./Geb.Jg.Ers.Rgt. 137)

Vom 2. Juli 1943 bis zum 26. März 1944 wurde Hetzenauer vom Wehrmeldeamt Kufstein in die 4. Stammkompanie des Landesschützenersatzbataillons 18 überstellt.

Scharfschützenausbildung in den Seetaler Alpen

Zwischen dem 27. März und dem 16. Juli 1944 wurde Matthäus Hetzenauer zur Ausbildung als Scharfschütze auf den steirischen Truppenübungsplatz in den Seetaler Alpen abkommandiert, wo ihm als Erstes der Karabiner 98k als Scharfschützenwaffe in die Hand gedrückt wurde.[7] Dieser Karabiner, offiziell „Mauser Modell 98", war die vermutlich wichtigste deutsche Repetierbüchse, die seit 1898 hergestellt wurde. Zu einer der bekanntesten Varianten entwickelte sich der Karabiner 98k mit verkürztem Lauf, der über lange Jahre hinweg die Standardwaffe der deutschen Armee war. Mit seinem Waffenverschlusssystem war der Mauserkarabiner eine der am meisten produzierten Waffen der Welt.

Als passionierter Jäger mit seinem geschulten Adlerauge war Hetzenauer geradezu prädestiniert für die Scharfschützenausbildung. Dem heimatverbundenen Bauernjungen aus dem abgeschiedenen Sonnleithof, der bis dato die engere Heimat im Tiroler Unterland nie verlassen hatte, erschien die Fahrt in die Seetaler Alpen geradezu wie eine kleine Weltreise. Denn um in die grüne Steiermark zu kommen, die er zuvor noch nie betreten hatte und lediglich durch die Schilderungen des großen steirischen Dichters Peter Rosegger von der Waldheimat kannte, bestieg er zunächst einen Zug, der ihn von Kufstein über Salzburg quer durch das Salzkammergut in die steirische Landeshauptstadt brachte.

Von Graz ging es über Köflach und die Stubalpe in Richtung Judenburg, das bereits an den nordöstlichen Ausläufern der Seetaler Alpen liegt. Der Name kommt von den zahlreichen kleineren und größeren Seen, die das Landschaftsbild dieser Bergwelt prägen. Über eine Bergstraße geht es dann mitten in die Bergwelt hinein nach Mönchegg und St. Wolfgang, zu den einzigen größeren Ortschaften am Rande des Truppenübungsplatzes, welcher im Norden von der 2.149 Meter hohen Wenzelalpe und im Westen vom 2.396 Meter hohen Zirbitzkogel begrenzt wird. Das verträumte Obdach im Herzen des steirischen Zirbenlandes bietet sich als südöstlicher Zugang zum Truppenübungsplatz auf den Seetaler Alpen an.

In den Jahren 1938 und 1939, nach dem Anschluss Österreichs an das Deutsche Reich, kaufte die deutsche Ansiedlungsgesellschaft – ein Zentralbüro für Wehrmachtsaufgaben – Gründe in den Seetaler Alpen, sodass der Truppenübungsplatz Seetaler Alpe ein Ausmaß von 5.140 Hektar erreichte. Die im Bereich Schmelz, Winterleiten und Sabathy liegenden Hütten wurden ebenfalls aufgekauft und für militärische Zwecke verwendet.

Die Deutsche Wehrmacht begann nun mit umfassenden baulichen Maßnahmen – und zwar mit dem Bau von Unterkunfts- und Wirtschaftsbaracken zur Aufnahme von tausendzweihundert Mann, dem Stallgebäude, dem Kommandogebäude, einem Offiziersheim, einer Försterbaracke, einem Brausebad, einem Offizierskasino, einem

Entfernungen von Hohen Ranach

FAN	1700m	Scharfes Eck	4700m
Speikkogel	1900m	PAR Felsen	1900m
Speikplateau	1670m	Panzerscheibenzuganlage	1170m
Checkpoint	1250m	Sprengplatz Seetal	1030m
Sprengplatz Erlenboden	2060m	Panzerwrack	1000m
Frauenlacke	1560m	Schusterleiten	2300m
Zirbitzkogel	5550m	Kreiskogel	3160m

Die Sicht vom Hohen Ranach auf die umliegenden Berge gewährt einen Einblick in die Landschaft der Seetaler Alpen.

Truppenübungsp

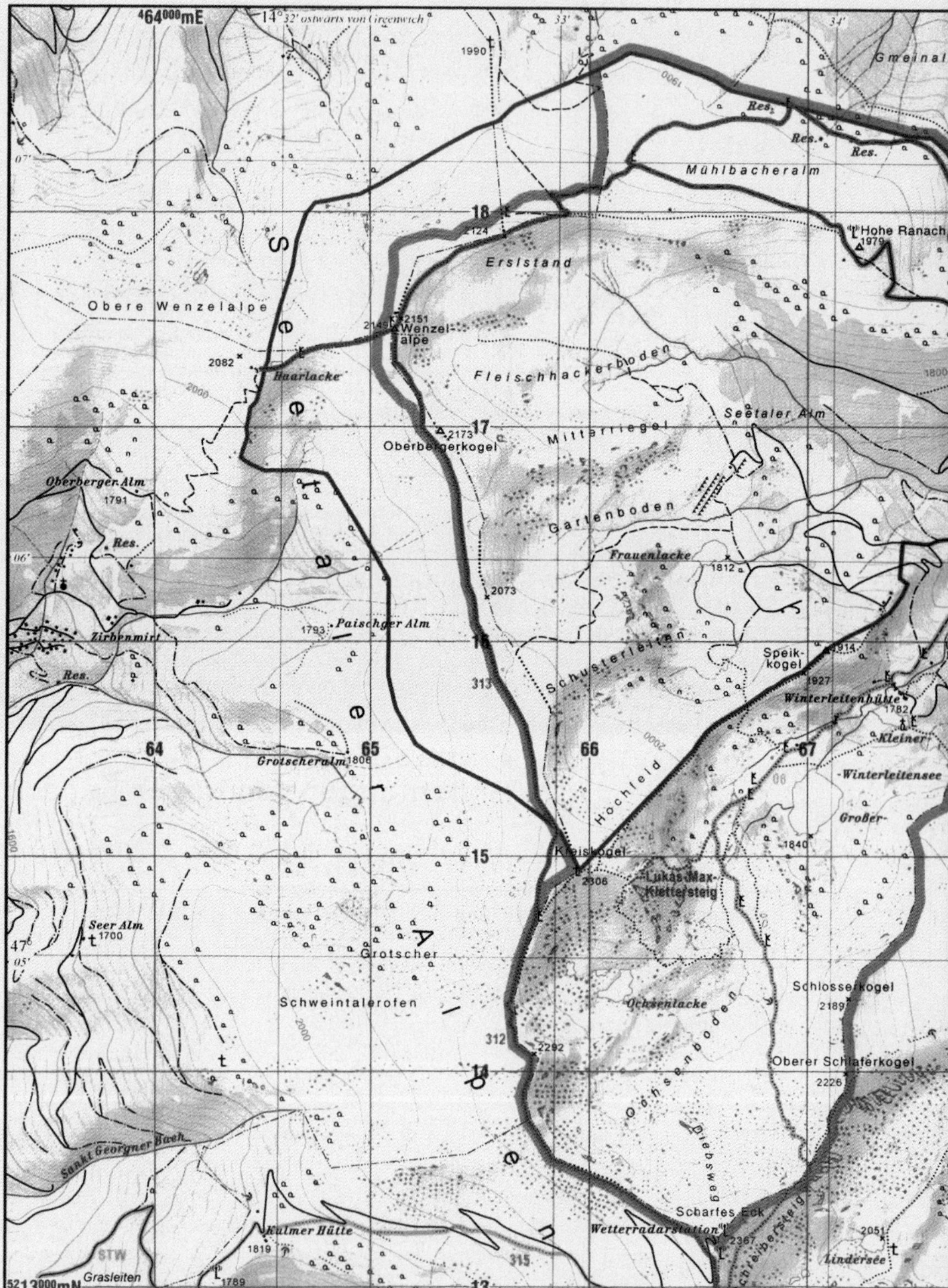

atz Seetaler Alpe

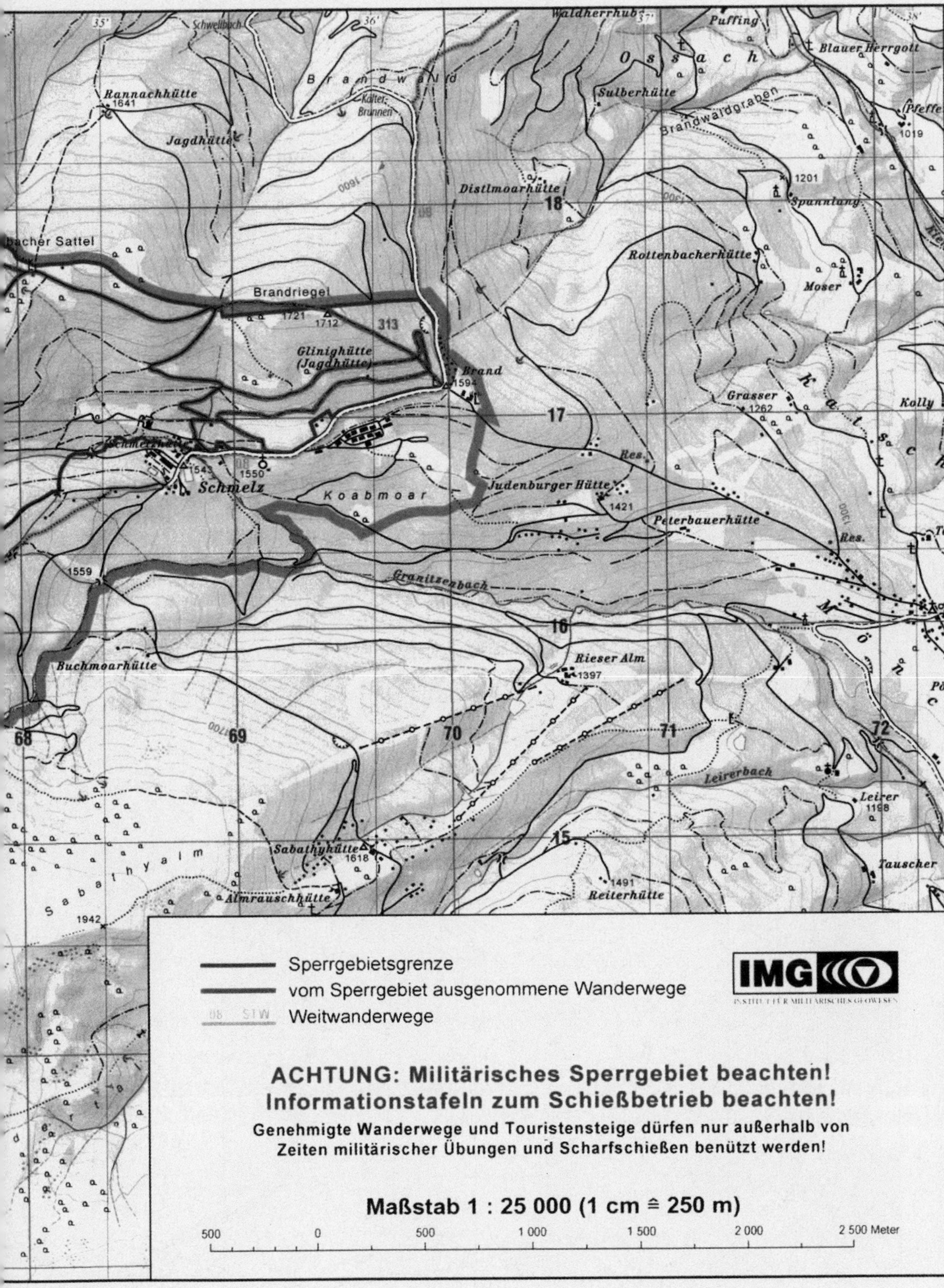

Sperrgebietsgrenze

vom Sperrgebiet ausgenommene Wanderwege

Weitwanderwege

IMG

ACHTUNG: Militärisches Sperrgebiet beachten!
Informationstafeln zum Schießbetrieb beachten!

Genehmigte Wanderwege und Touristensteige dürfen nur außerhalb von Zeiten militärischer Übungen und Scharfschießen benützt werden!

Maßstab 1 : 25 000 (1 cm ≙ 250 m)

500 0 500 1 000 1 500 2 000 2 500 Meter

Österreichische Militärkarte
SEETALER ALPE 1 : 25 000
Topografische Ausgabe

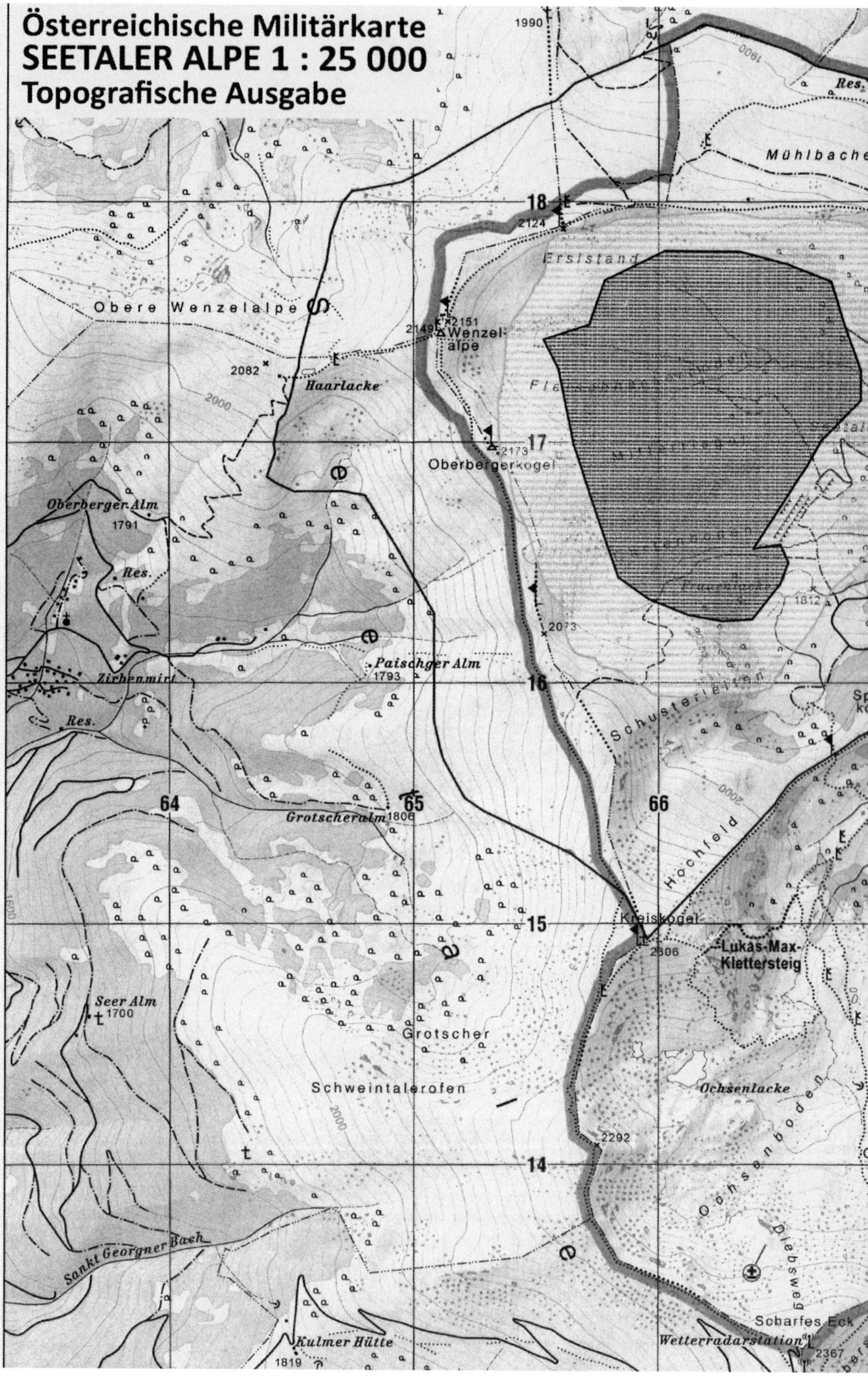

Blindgängergefahrenzonenplan mit 12 04 11

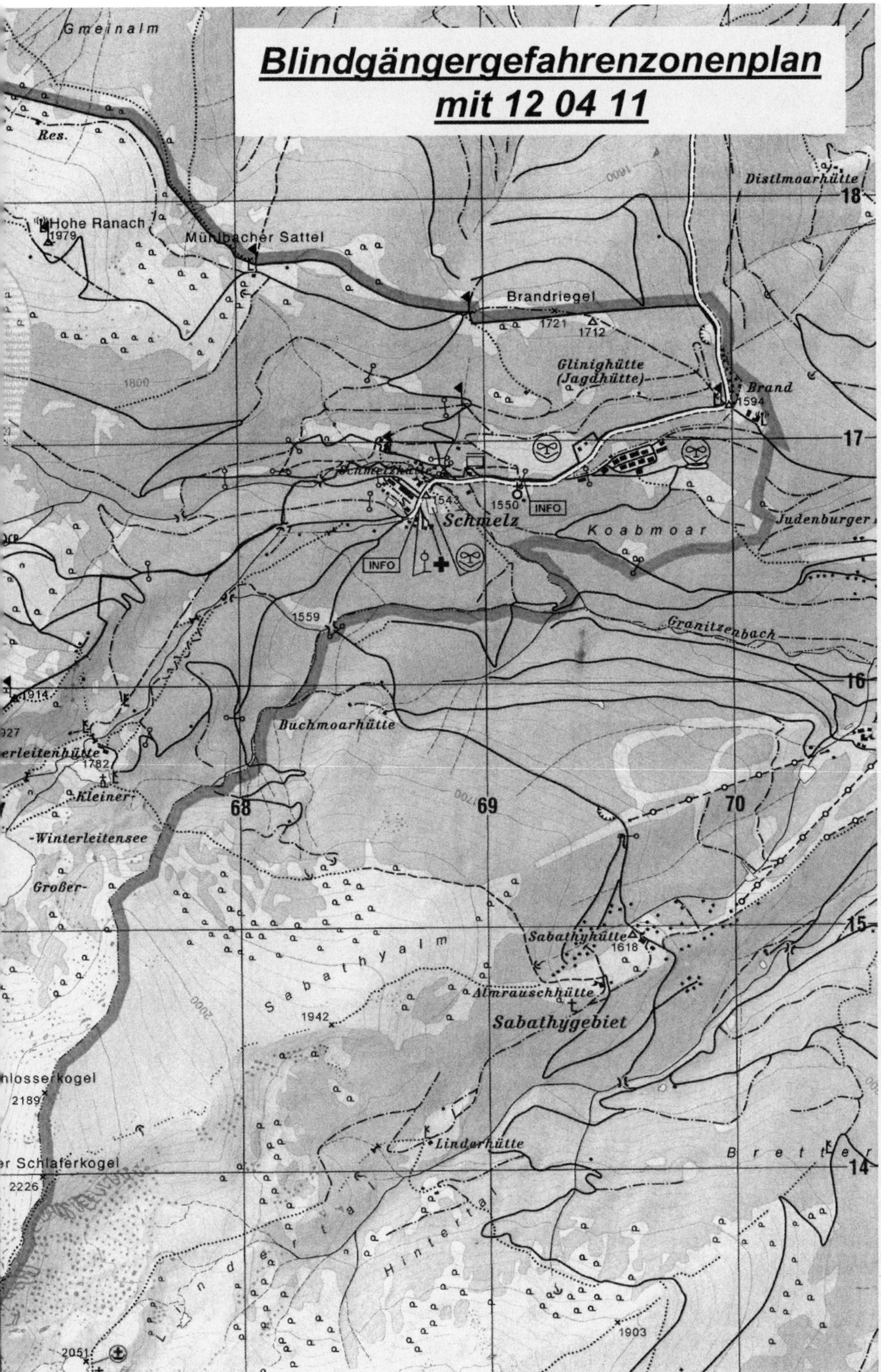

Blick auf den Truppenübungsplatz in den Seetaler Alpen. Neben militärisch relevanten Gebäuden befindet sich unter anderem auch ein Tennisplatz auf dem Gelände.

Werkstättengebäude, dem Telefonausbau, dem Bau eines Elektrizitätswerkes am Schmelzbach zur Stromversorgung und der Errichtung einer Steinbruchanlage zur Gewinnung von Straßenschotter.

In den Jahren von 1940 bis 1941 erfolgte die Errichtung einer Materialseilbahn von Strettweg bei Judenburg über die Zwischenstation Reiterbauer zur Schmelz mit dem ehemaligen Pferdestall als Kopfstation. Als technische Daten sind von allgemeinem Interesse:

7.384 Meter Gesamtlänge
4.312 Meter von der Talstation bis zur Zwischenstation
3.072 Meter von der Zwischenstation bis zur Kopfstation
850 Meter Gesamthöhenunterschied

Die Scharfschützenausbildung erfolgte neben derjenigen in den Seetaler Alpen auf den Truppenübungsplätzen Stablack, Hohenfels, Obergruppe, Wandern, Lamsdorf und Münsingen. Der berühmteste und bekannteste war jedoch der Truppenübungsplatz in den Seetaler Alpen. Hier trafen sich die besten Scharfschützen der deutschen Gebirgstruppe von allen Frontabschnitten des Zweiten Weltkrieges entweder zur Scharfschützenausbildung oder – sofern sie bereits als Scharfschütze im harten Fronteinsatz standen – zur Weiterschulung.

Die Scharfschützen sind wahre Meister der Geduld, die, wenn man so will, auf eine lange Tradition zurückschauen können. Denn bereits vor dem Aufkommen der Feuerwaffen gab es speziell ausgebildete Soldaten, wie zum Beispiel die Bogenschützen, die als besonders treffsichere Einzelkämpfer eingesetzt wurden.[8] Ein hervorragendes Seh- und Beobachtungsvermögen und ein scharfer Blick, der den Scharfschützen grundsätzlich auszeichnet, sind unabdingbare Voraussetzungen. Was er darüber hinaus unbedingt benötigt, um den Anforderungen seines Auftrages Rechnung zu tragen, ist die bereits an anderer Stelle genannte Geduld; eine unverzichtbare Tugend des Scharfschützen. Dies gilt sowohl während seines Einsatzes, als auch – und möglicherweise besonders – für die Zeit außerhalb, wenn er gewissermaßen wie der Jäger auf der Lauer liegt.

„Das geistige Rüstzeug eines Scharfschützen“, so Peter Brookesmith, „umfasst drei wesentliche Bestandteile: Die demoralisierende Wirkung auf der Seite des Gegners, die Hebung der Kampfmoral seiner Kameraden und die Auswirkungen auf die geistige und seelische Verfassung des angehenden oder bereits erfolgreichen Scharfschützen“,[9] der stets einen kühlen Kopf zu bewahren hat – gleichgültig was in seiner Umgebung geschieht. Diese besondere Eigenschaft verbindet ihn mit dem erfahrenen Jäger.

Scharfschützen bleiben für ihren Gegner unsichtbar. Sie nehmen ihn aus einer verdeckten Stellung mit großer Treffsicherheit unter gezieltes Feuer. Sie lauern im Dunkeln und schießen haargenau auf jeden glühenden Punkt. Ein Scharfschütze ist in der Lage, einen weitaus überlegenen Gegner aufzuhalten. Hierzu kann es bereits genügen, eine Kompanie am Vorrücken zu hindern oder einen hochrangigen Truppenführer durch einen gezielten Schuss auszuschalten. Meistens bekam der Scharfschütze in seinem Kompanieabschnitt das Kommando: „Freie Jagd".

Große Erfolge wurden bei den Feindangriffen durch den Abschuss der Offiziere und Unterführer erzielt. Die sowjetischen Scharfschützen schossen insbesondere auf deutsche Soldaten mit dünnen Beinen, weil sie diese den Offizieren zuschrieben.

Begonnen hatte das Scharfschützenwesen während des Ersten Weltkrieges in einem bis dato nicht für möglich gehaltenem Ausmaß. Denn mit dem Stellungskrieg an der Westfront schlug auch „die Geburtsstunde des neuzeitlichen Scharfschützenwesens. Schon bei Kriegsbeginn zog das deutsche Heer präzise Jagdbüchsen im Armeekaliber 7,9 mm ein und ließ ausgesuchte Dienstgewehre mit Zielfernrohren bestücken. Schützen mit Jagdinstinkt hielten damit blutige Ernte in den Gräben der Franzosen und Engländer; bis auch diese sich auf diese neue, alte Kampfart besannen."[10]

Wahre Triumphe feierte das Scharfschützenwesen während des Ersten Weltkrieges an der Dolomitenfront und in den Karpaten, in den Julischen und Karnischen Alpen sowie in den zwölf Isonzoschlachten.[11] Bei den Patrouillen war der Soldat der Berge im wahrsten Sinne des Wortes noch der archaische Jäger, der dem Gegner wie dem Wild auflauerte und ihn dann verfolgte und erledigte. Es war ein Kampf Mann gegen Mann, Auge um Auge, Zahn um Zahn. Wer in diesem unerbittlichen und unentrinnbaren Lebenskampf auf der Strecke blieb, dessen Leichnam war nicht selten nach dem Absturz über eine steile Felswand „entsetzlich zugerichtet, die Brust [...] zerquetscht, die Knochen zerbrochen [...] der Mund im zerquälten, zerschundenen Gesicht. Die fürchterlichste Todesnot hat die Augen aus dem Kopf getrieben. [...] Noch hängt der schwere Rucksack mit den Liebesgaben am Rücken des stummen Mannes",[12] von dessen verwesender Leiche schon bald das Fleisch ekelerregend riechend herunterfallen wird...

An der Dolomitenfront brachten die Scharfschützen des Deutschen Alpenkorps sowie der k. u. k. Kaiserjäger und der k. k. Kaiserschützen den Italienern empfindliche Verluste bei; wie andererseits italienische Scharfschützen dem jeweiligen Gegner das Leben schwer machten. Selbst an sonst ruhigen Tagen war der Scharfschütze im Gebirgskrieg gefürchtet. Im Hochgebirgskrieg der Südostfront hatten die Italiener vor den Tiroler Scharfschützen einen heillosen Respekt und die deutsche Oberste Heeresleitung holte sich gar manch einen berüchtigten Wilderer als Scharfschützen an die erstarrte Westfront.

Im ersten Büchsenlicht verfolgte er dann wie auf dem Hochsitz oder im getarnten Unterholz oft weit vor den eigenen Linien in einem Granattrichter oder Laufgraben im Zielfernrohr jede Bewegung des Gegners. Wehe dem Unvorsichtigen, der sich auch nur die geringste Blöße gab. Der Kopfschuss war stets tödlich. Solch ein Scharfschütze brauchte eiserne Nerven wie Drahtseile. Von allen Waffengattungen

Gefreiter der Reserve Matthäus Hetzenauer, ausgezeichnet mit dem Eisernen Kreuz I. und II. Klasse.

Die Seetaler Alpen im Winter bieten Kulissen wie diesen schneebedeckten Nadelwald.

Die für diese Region typischen Zirbenwälder der Seetaler Alpen.

Die Gemeinde Obdach bildet den südöstlichen Zugang auf den Truppenübungsplatz Seetaler Alpe.

Kunstvoll gestaltete Begrüßungs- und Abschiedstafel von Obdach.

Die Zirbenkönigin mit den beiden Zirbenprinzessinnen und dem Zirbl repräsentieren das steirische Zirbenland.

Das Kriegerdenkmal von Obdach.

Das Stadttor von Obdach.

Obdach als Mittelpunkt des steirischen Zirbenlandes. Im Vordergrund die Pfarre Obdach.

Judenburg bildet den nordöstlichen Zugang zum Truppenübungsplatz Seetaler Alpe.

Eingangsschild zum Truppenübungsplatz Seetaler Alpe.

Das Kommandogebäude des Truppenübungsplatzes Seetaler Alpe.

Warnschilder auf dem Truppenübungsplatz.

Die Rekruten üben unter anderem mit dieser Zielscheibe.

Wegweiser auf dem Truppenübungsplatz Seetaler Alpe.

Diese Zeichnung veranschaulicht die Funktionsweise des Zielers. Nach jedem Schuss zog er die Scheibe kurz zur Begutachtung herunter.

Zieler waren oft als Harlekine verkleidet, die bei Fehlschüssen den Schützen verspotteten, bei gutem Ergebnis jedoch Freudensprünge vollführten.

Hier zu sehen sind die Überreste eines alten Schießstandes.

Scharfschützenausbildung in der k.u.k. Armee mit 7-mm-M-14-Repetiergewehren und aufgesetztem Zielfernrohr.

Zeichenverkehr beim Schulschießen.

1. Zeichen der schießenden Abteilung.

Feuer.

Halt.

Nochmal anzeigen, oder anzeigen, wenn erst nach mehreren Schüssen angezeigt werden soll.

Rennen durchgeschossen. Bei Übungen, bei denen eine zweite Liste in der Anzeigerdeckung geführt wird, Zeichen dafür, daß die vorher verabredete Anzahl von Schüssen gefallen ist.

Mehrfaches Hochstoßen. Scheibe soll erscheinen.

Schuß gefallen. Anzeigen.

2. Zeichen aus der Anzeigerdeckung.

a) Notzeichen zum Einstellen des Schießens.

Zunächst wird die Scheibe, wenn dies ausführbar ist, in die Deckung gezogen und dann die Tafel wiederholt heraus-  geschoben und so lange gezeigt, bis der Leitende oder ein von ihm entsandter Soldat in der Deckung eintrifft.

b) Zeichen zur Benachrichtigung der schießenden Abteilung, daß ihr Zeichen verstanden ist:

Vorschieben der Tafel **1**

95. Sonstige notwendige Sicherheitsmaßnahmen befehlen die Fliegerhorstkommandanten, die für jeden Stand die besonderen Schutzmaßregeln ermitteln (Aufstellen von Posten, Sperren von Durchgängen usw.). Erforderliche Maßregeln werden auf einer Warnungstafel am Eingang des Standes deutlich sichtbar bekanntgegeben.

Zeichenverkehr beim Schulschießen in der Wehrmacht.

Dieser Soldat nimmt die Position „Anschlag liegend freihändig" ein.

Hier zu sehen ist die Schussposition „Anschlag am Tisch sitzend".

„Anschlag liegend freihändig" von hinten betrachtet.

Dieser Soldat befindet sich in der Position „Anschlag kniend".

„Anschlag kniend freihändig".

„Anschlag stehend freihändig".

„Baumanschlag unter Ausnutzung der Deckung".

„Baumanschlag bei einer Gabelbildung".

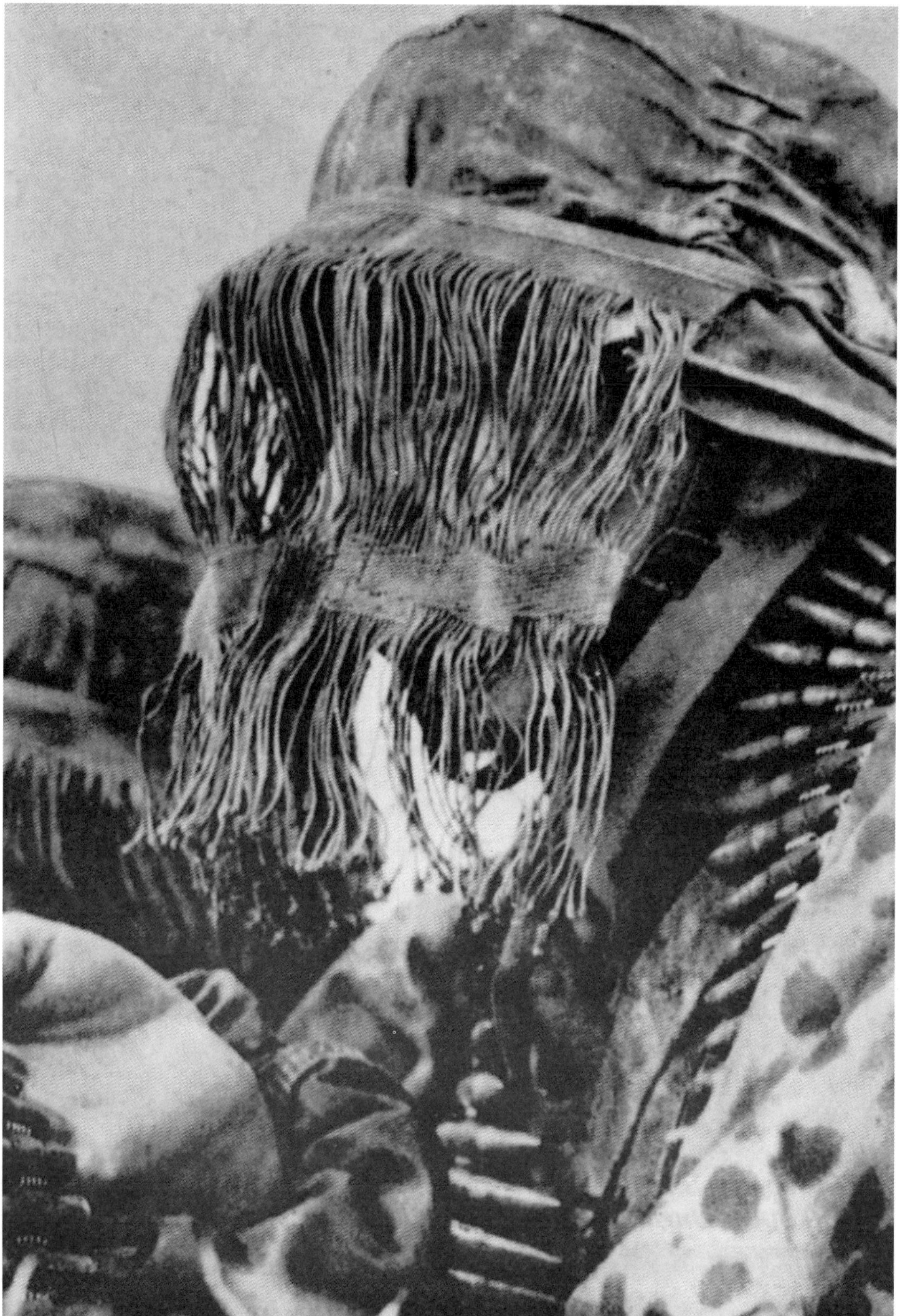

Tarnsichtmasken bei der Waffen-SS im Einsatz,
hier bei einem MG-Schützen.

Ein Scharfschütze mit seinem Zielfernrohr-Gewehr im Anschlag.

Der Scharfschütze Matthäus Hetzenauer
in einem Gemälde.

und Vernichtungsmitteln, die im Krieg eingesetzt werden, sieht kein Soldat die Wirkung seines Handelns so unmittelbar wie der Scharfschütze, dessen Kugel ein Menschenleben schlagartig auslöscht. Er steht seinem Opfer persönlich gegenüber und muss daher kaltblütig abdrücken. Der Zwiespalt zwischen Pflichterfüllung und Menschlichkeit stellt für die Scharfschützen zu jeder Zeit eine starke Belastung dar.

Im Zweiten Weltkrieg kam der treffsichere Scharfschütze erst voll zur Geltung, als die Ostfront zum Stehen kam. Auf sowjetischer Seite übten auch Frauen, die sogenannten „Flintenweiber", das mörderische „Handwerk" der Scharfschützen aus. Die Ukrainerin Pawlutschenko wurde für ihre Abschüsse in Sewastopol ausgezeichnet. Unbestrittener Star bei den sowjetischen Scharfschützen war der blutjunge Unteroffizier Wassili Saizew. Der Schafhirte aus dem Ural soll in zehn Tagen nicht weniger als vierzig deutsche Soldaten getötet haben. In Stalingrad steigerte er die Zahl seiner „Abschüsse" schließlich auf zweihundertzweiundvierzig. Seine Konkurrentin und Geliebte war die erst achtzehnjährige hellblonde Tanja Tschernowa. Auch sie schoss emotionslos und traf wie eine „Präzisionsmaschine".

Saizew, der durch eine Minenexplosion vorübergehend erblindete, überlebte den Zweiten Weltkrieg als „Held der Sowjetunion". Seine Geliebte Tschernowa, „die eine gemeinhin tödliche Bauchverletzung überstand, verlor ihn aber nach der Schlacht von Stalingrad aus den Augen. Erst 1969 erfuhr sie, dass ihr Lehrer und Geliebter noch lebte und eine andere geheiratet hatte. Berichten ausländischer Historiker zufolge soll sie diesen Schlag nie verwunden haben."[13]

Während des Zweiten Weltkrieges wurden der Scharfschütze nicht nur in der Sowjetunion sondern auch in Finnland einerseits wie ein Held verehrt, andererseits blieb „ihm die Anerkennung der Mehrheit versagt – sowohl von Seiten der Militärs als auch der Bürger." Denn, so Bruno Sutkus, „nach dem Krieg hat sich die Meinung über den Scharfschützen gewandelt. Seine Fronteinsätze wurden wie Verbrechen gewertet. Seine Schuld ist, dass er in den Duellen mit feindlichen Scharfschützen am Leben blieb. Er muss heute im Schatten leben [...]."[14]

Das Gleiche gilt insbesondere in Deutschland, wo die Soldaten der Wehrmacht generell einer gewissen Polemik der selbsternannten „Erinnerungsarbeiter" und „Vergangenheitsbewältiger" im maßgeschneiderten Büßergewand ausgesetzt sind. „Für den durchschnittlichen Soldaten mag dies unangemessen hart erscheinen, der für seine Leistungen ohnehin kaum Dank erfährt, aber es ist eine Tatsache, dass die meisten Menschen eine gewisse Unruhe verspüren von Seiten ausgemachter Persönlichkeiten. [...] Dieses Unbehagen wird dadurch nur noch verstärkt, wenn die Persönlichkeit eine Tätigkeit ausübt, die an berechnenden Mord grenzt.

Betrachten wir unsere Anstellung offen und ehrlich, so ist unser Verhältnis zu Helden zwiespältig. [...] Helden sind zu Helden geworden, weil sie notwendigerweise Außenseiter sind. Die Tätigkeit eines Scharfschützen oder Präzisionsschützen bedingt ein Leben als Außenseiter in den Streitkräften oder der Polizei."[15]

Nicht jedem Jäger gelingt der nahtlose Übergang zwischen der Jagd auf das Wild und dem gezielten Erschießen von Kriegsgegnern.

„Während der Scharfschützenausbildung", so Clifford Shore, „kam es häufig vor, dass Männer hervorragende Schießleistungen auf dem Schießstand erbrachten, in der Rolle des Scharfschützen jedoch versagten. Der Unterschied zwischen dem Schießen aus einem bequemen Anschlag auf dem Schießstand und dem Schießen im Krieg, selbst wenn man in einer verhältnismäßig sicheren Stellung liegt, könnte nicht größer sein. Selbst bei der Jagd besteht hier ein deutlicher Unterschied, und ich habe gute Scharfschützen erlebt, die der inneren Anspannung bei der Jagd einfach nicht gewachsen waren."[16]

Um Erfolg zu haben, muss sich der Scharfschütze einen inneren Schutzwall oder Panzer zulegen, an dem die seelischen Erschütterungen wie an einer meterdicken Stahlbetonwand abprallen. Der Hauptmann Stehpen L. Walsh, der zeitweilig als Ausbilder an der Scharfschützenschule des US Marine Corps tätig war, konstatierte: „Wir sind in der Lage, Menschen sterben zu sehen; wie der Kopf auseinanderplatzt oder was auch immer. Das ist es, was den wahren Profi ausmacht, dass er seinen Auftrag ausführt."[17]

Die Ausbildung als Scharfschütze erfolgte vielfach am ZF-vierfach-Zielfernrohrgewehr. Als Scharfschützen wurden meist zwei Mann herangezogen, die aufeinander eingespielt wurden. Dazu gehörte in erster Linie ein gutes Beobachten, das Zielerkennen, eine genaue Zielansprache und selbstverständlich ein herausragendes Schießergebnis. Voraussetzung dafür waren eine ruhige Hand, gute Nerven und eine nie ermüdende Ausdauer. Zur praktischen Ausbildung trat bei diesen Lehrgängen die Theorie, die sich unter anderem mit der Ballistik des Geschosses und mit der Geländekunde befassten.

Ein erfahrener Karelienkämpfer erzählte dem im Kriegseinsatz noch unerfahrenen Matthäus Hetzenauer während der Scharfschützenausbildung in den Seetaler Alpen die folgende Begebenheit:

Die Sowjets setzten im karelischen Urwald Scharfschützen ein, die manch schmerzliches Opfer auf deutscher Seite forderten. Zunächst war man darauf nicht eingestellt und musste daher zu Behelfsmaßnahmen greifen.

Da war zum Beispiel ein Kärntner Jagdgehilfe, der in seinem heimatlichen Bergwald nicht nur ein Meister im Hegen, sondern auch einer des sicher sitzenden Schusses war. Als er freiwillig zu den Gebirgsjägern ging, vergaß er nicht, sein Zielfernrohr mitzunehmen. Bisher hatte er es umsonst in seinem Rucksack herumgetragen. Aber nun war seine Zeit gekommen. Ein Waffenmeister montierte das Zielfernrohr auf seinen Karabiner und der Scharfschütze war einsatzbereit. Wenn sich beim Gegner an einer Schießscharte etwas bewegte, knallte es jetzt sofort.

Aber das genügte noch nicht. Denn auch in den eigenen Reihen gab es schmerzliche Ausfälle durch sowjetische Scharfschützen, da sie in der Überzahl waren. Dem musste abgeholfen werden. Aber woher sollte man hier, am Ende der Welt, Zielfernrohre nehmen?

Man probierte es dennoch und rief bei der Division an. Und das Wunder geschah! Aus welchem Schwarzbestand die Zielfernrohre kamen, wusste niemand zu sagen – aber sie kamen, und zwar für eine ganze Gruppe. Der Kärntner Jagdgehilfe wurde zum Oberjäger befördert und übernahm nun die Ausbildung der Scharfschützengruppe, die aus lauter Freiwilligen gebildet wurde. Die Sowjets spürten bald am eigenen Leibe, wer die wahren Herren des Scharfschützenkrieges in den karelischen Urwäldern waren. Es war ein harter und nervenaufreibender Krieg. Er nahm erst wieder ab, als der Tag zur Nacht wurde. Denn das Nordlicht, das mit leuchtenden Strahlen als ein heller Schleier am Himmel hing, reichte nicht aus, um die Treffsicherheit zu gewährleisten.

Der Warnruf „Vorsicht, Scharfschützen!" verbreitete fortan bei Freund und Feind stets Panik und Schrecken. Tatsächlich verband sich mit dem zielsicheren Schützen am Zielfernrohr die Vorstellung vom eiskalten Menschenjäger. Denn, so der amerikanische Nobelpreisträger Ernest Hemingway: „Nichts ist der Jagd auf das menschliche Wild vergleichbar, und wer lange genug der Jagd auf das wehrhafte Wild Mensch nachgegangen ist und Gefallen daran gefunden hat, wird nie wieder davon loskommen."

Aber auch eine allzu menschliche Notsituation des Scharfschützen soll nicht unerwähnt bleiben. Denn „ein Problem im Gelände festsitzender Soldaten stellt die Verrichtung der Notdurft dar. Aus hygienischen Gründen ist es unmöglich, den begrenzten Bewegungsraum durch Exkremente zu verstellen. Aus diesem Grunde hoben sich die Landser schon nach wenigen Tagen Fronterfahrung jeweils leere Konservendosen auf, sozusagen als Campingtoiletten. Nach vollbrachter Tat der Erleichterung drängten natürlich Geruch und nörgelnde Kameraden auf schnelle Entsorgung. Beim benötigten beherzten Schwung über den Grabenrand passierte dem Ungeübten, in der Angst, sich mit den duftenden Überbleibseln zu bekleckern, dass er sich zu weit erhob. Ein guter Scharfschütze nutzte diese Gelegenheiten ohne Rücksicht aus."[18]

Die Ausbildung und Schießtechnik der Scharfschützen

Da Matthäus Hetzenauer bisher noch ohne jede Fronterfahrung war, wurde er auf dem Truppenübungsplatz in den Seetaler Alpen zunächst in der Schießtechnik der Scharfschützen ausgebildet. Ab dem Kriegsjahr 1944 wurde auf eine praxisnahe Gefechtsschießausbildung großer Wert gelegt. In der Heeresdienstvorschrift HDV 298/20 „Gefechtsausbildung für den Einzelschützen" aus dem Jahre 1944 schrieb der Generalinspekteur Heinz Guderian in einem Vorwort:

„Das Ergebnis der bisherigen, kurzfristigen Schießausbildung war der Scheibenschütze. Zwischen dem von der Pritsche abgegebenen Scheibenschuss und dem ersten scharfen Schuss unter gefechtsmäßigen Bedingungen klaffte eine Lücke. Weil er den Schuss unter den Bedingungen des Gefechts nicht gelernt hatte, traf der Schütze im Gefecht nichts.

Beim Schießen macht nur die praktische Übung im scharfen Schuss den Meister. Deshalb soll bei der Schießausbildung nur von Dingen die Rede sein, die beim Schuss praktisch eine Rolle spielen. Schließlich kann der Wildschütz im Gebirge treffen, ohne eine klare Vorstellung von den theoretischen Begriffen der Schießlehre zu haben."

Die Scharfschützenausbildung für zwanzig Mann dauerte einige Monate. Nach einem Monat wurden die Soldaten, die nicht den Anforderungen entsprachen, ausgemustert. Brillenträger wurden als Scharfschützen erst gar nicht angenommen, da eine beschlagene, reflektierende oder auch im Gefecht abhanden gekommene Brille im Kampfeinsatz nur Probleme bereitete.

Auf dem ausgedehnten Gefechtsschießstand in den Seetaler Alpen gab es eine Anzahl von gut getarnten Zielen, die bis auf eine Entfernung von achthundert Metern weit entfernt waren; vor allem bewegliche Zielscheiben, die gezogen wurden oder im Laufgraben auf einer Stange von Männern getragen wurden. Diese Art der Zieldarstellung kommt für den Scharfschützen der Wirklichkeit am nächsten.

„Nach der kurzen Grundausbildung gab es täglich nur noch eine Stunde Theorie, danach hatten die Scharfschützen auf dem riesigen Gelände ‚freie Jagd' auf Ziele aller Art, die vom Stammpersonal bedient und deren Treffer ausgewertet wurden. In diesem gut bewachsenen Gelände herrschte immer ein starker Wind. Es war also schwer, bei dem böigen Wind ein bewegtes Ziel zu treffen. Für die Ausbildung war der Wind hervorragend geeignet", erfahren wir von Siegfried F. Hübner.

„Der Scharfschütze ging also los, erkundete das Gefechtsfeld und sah, wo die Feindziele kurz auftauchten oder sich bewegten. Dann tat er das wichtigste, er suchte sich einen optimalen Standort, er tarnte sich und ging in Stellung, sodass er ein gutes Schussfeld hatte, aber nicht gesehen werden konnte. So baute er sich eine getarnte Scharfschützenstellung aus, mit einer guten Auflage für sein Scharfschützengewehr. Ein Scharfschütze schoss immer mit dem aufgelegten SS-Gewehr. Der Stahlhelm hätte nur gestört und die Treffer negativ beeinflusst, deshalb wurde keiner aufgesetzt (es sei denn, ein Vorgesetzter befahl den Quatsch). Wichtig war, dass sich der Scharfschütze nach dem einen, gut gezielten Treffer unbemerkt zurückziehen konnte.

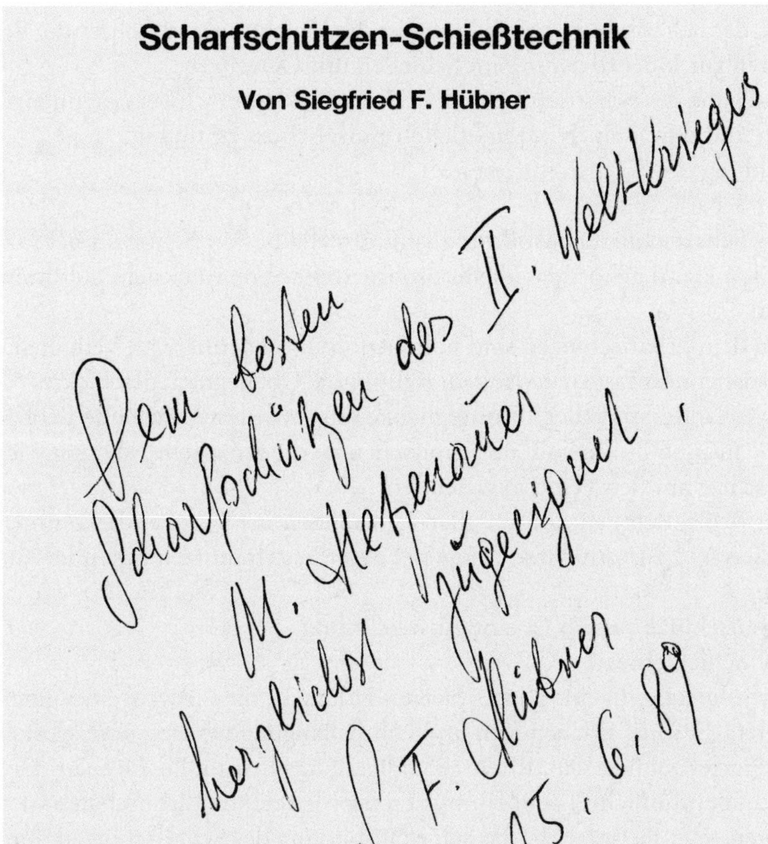

Scharfschützen-Schießtechnik

Von Siegfried F. Hübner

Dem besten Scharfschützen des II. Weltkrieges M. Hetzenauer herzlichst zugeeignet! S. F. Hübner 15. 6. 89

Matthäus Hetzenauer bekam Jahrzehnte nach seinem Einsatz im Zweiten Weltkrieg ein gewidmetes Exemplar der „Scharfschützen-Schießtechnik“ von Siegfried F. Hübner.

Scharfschützen zielten immer auf den Kopf des Feindes, so lernten sie es in der Seetaler Alpe. Der Kopf war schließlich im Gefecht oft das Einzige, was von einem Gegner, der in Deckung lag, kurzzeitig zu sehen war, wenn er schoss oder beobachtete. Im

Schützengraben oder beim Vorkriechen im Gelände konnte man oft auch nur kurzzeitig den Kopf des Feindes sehen. Ein Scharfschütze traf ein Kopfziel mit Sicherheit auf 300 bis 400 Meter Entfernung."[19]

In der Anleitung vom 15. Mai 1943 für die Ausbildung und den Einsatz von Scharfschützen heißt es unter anderem:

A. Zweck und Aufgabe des Scharfschützen

Zweck der Scharfschützenausbildung ist die Erziehung und Förderung des Einzelschützen zur Höchstleistung im Schießen mit Gewehr.

Die Aufgabe des Scharfschützen besteht darin, kleine, schwer erkennbare Ziele zu finden und durch einen wohlgezielten Einzelschuss zu treffen.

B. Ausbildung des Scharfschützen

1. Der Scharfschütze

Zur Scharfschützenausbildung sind nur die besten Schützen heranzuziehen. In ihre Hand gehört das Zielfernrohrgewehr ohne Rücksicht auf ihren Dienstgrad.

Von dem Scharfschützen sind in hohem Maße jägermäßiges Verhalten, Geduld, Ausdauer und List zu verlangen. Kaltblütige Überlegung, geschicktes Ausnützen des Geländes und aller Tarnmöglichkeiten sowie hervorragende Beobachtungsgabe müssen ihn sowohl im Anpirschen an die feindliche Stellung wie auch im Anschlag auf den Feind auszeichnen.

Der Wille, den Feind unter allen Umständen ins Visier zu bekommen, ihn zu treffen und zu vernichten, muss bei dem Scharfschützen besonders ausgeprägt sein.

Scharfschütze zu sein ist eine Auszeichnung.

2. Der Schießlehrer

Vorbedingung für eine gute Schießausbildung ist die Auswahl eines guten Schießlehrers. Er muss Erfahrungen und Lehrbefähigung besitzen und selbst ein ausgezeichneter Schütze sein. Ruhe, geduldiges Eingehen auf die Eigenart des Schützen und unermüdliche Tätigkeit müssen hervortretende Eigenschaften des Schießlehrers sein. Es ist falsch, die Schießausbildung des Scharfschützen durch Gruppen- und so weiter Führer, die nicht als Schießlehrer geeignet sind, durchführen zu lassen. Alle Kompanie- usw. Führer und Schießlehrer müssen bestrebt sein, den Ehrgeiz des Scharfschützen zu fördern sowie Freude an dem Schießdienst zu wecken.

3. Unterricht

Die praktische Ausbildung im Schießen ist je nach ihrem Fortschreiten durch Unterricht über die Waffe, das Zielfernrohr, die Schießlehre und den Einsatz des Scharfschützen am Sandkasten vorzubereiten. Der Unterricht hat unter

Beschränkung auf das Wesentliche in einfacher, kurzer und klarer Form zu erfolgen. [...]

7. Entfernungsschätzen

   Sicheres Schätzen der Entfernung bildet die Grundlage für die Treffgenauigkeit. Übungen müssen in wechselndem Gelände, bei verschiedenem Wetter und Tageszeiten durchgeführt werden. Entfernungsschätzen in allen Körperlagen ist zu fördern. Die Entfernungen bis 500 Meter muss der Scharfschütze sicher schätzen können. [...]

   Es wird zu kurz geschätzt, wenn Gegenstand klar sichtbar, bei Sonnenschein – Sonne im Rücken – besonders über Wasser, Schnee, Ebene – wenn einzelne Strecken nicht einzusehen sind – bei hellem Unter- und Hintergrund.

   Es wird zu weit geschätzt bei trübem, nebligem, regnerischem Wetter – in der Dämmerung – gegen die Sonne – im Walde – bei dunklem Unter- und Hintergrund – an langen geraden Straßen – bergauf. [...]

10. Tarnen und Täuschen

   Der Einsatz von Scharfschützen erfordert neben schießtechnischem Können meisterhafte Tarnung und listenreiches Verhalten.

   In Bildern werden einige Anregungen für Tarnen, Pirschen und Täuschungen gegeben. Aus Anschauungsgründen ist vielfach die Tarnung nicht vollständig. Auf Hinweise über Gebrauch von Tarnanzügen, Schneehemden, Tarnnetzen ist verzichtet worden. Tarngesichtsnetze und Tarnhandschuhe (lang) sind die beste Tarnung für Gesicht und Hände!

   Die Anregungen können durch eigene Gedanken und Vorschläge weiterentwickelt und vervollkommnet werden.

   Der Scharfschütze muss während der Ausbildung in dienstlich angesetzten Bastelstunden lernen, sich das für seinen Einsatz notwendige Material mit Behelfsmitteln selbst anzufertigen.

Die zehn Gebote für die deutschen Scharfschützen lauteten im Kriegsjahr 1944:

1. Kämpfe fanatisch.
2. Schieße ruhig und überlegt, auf schnelles Schießen kommt es nicht an, sondern auf das Treffen.
3. Dein größter Gegner ist der feindliche Scharfschütze, überliste ihn.
4. Gib immer nur einen Schuss aus einer Stellung ab, du wirst sonst erkannt.
5. Der Spaten verlängert dein Leben.
6. Übe dich im Entfernungsschätzen.
7. Sei ein Meister im Tarnen und im Geländeausnützen.
8. Erhalte durch ständiges Üben, auch hinter der Front und in der Heimat, deine Schießfertigkeit.

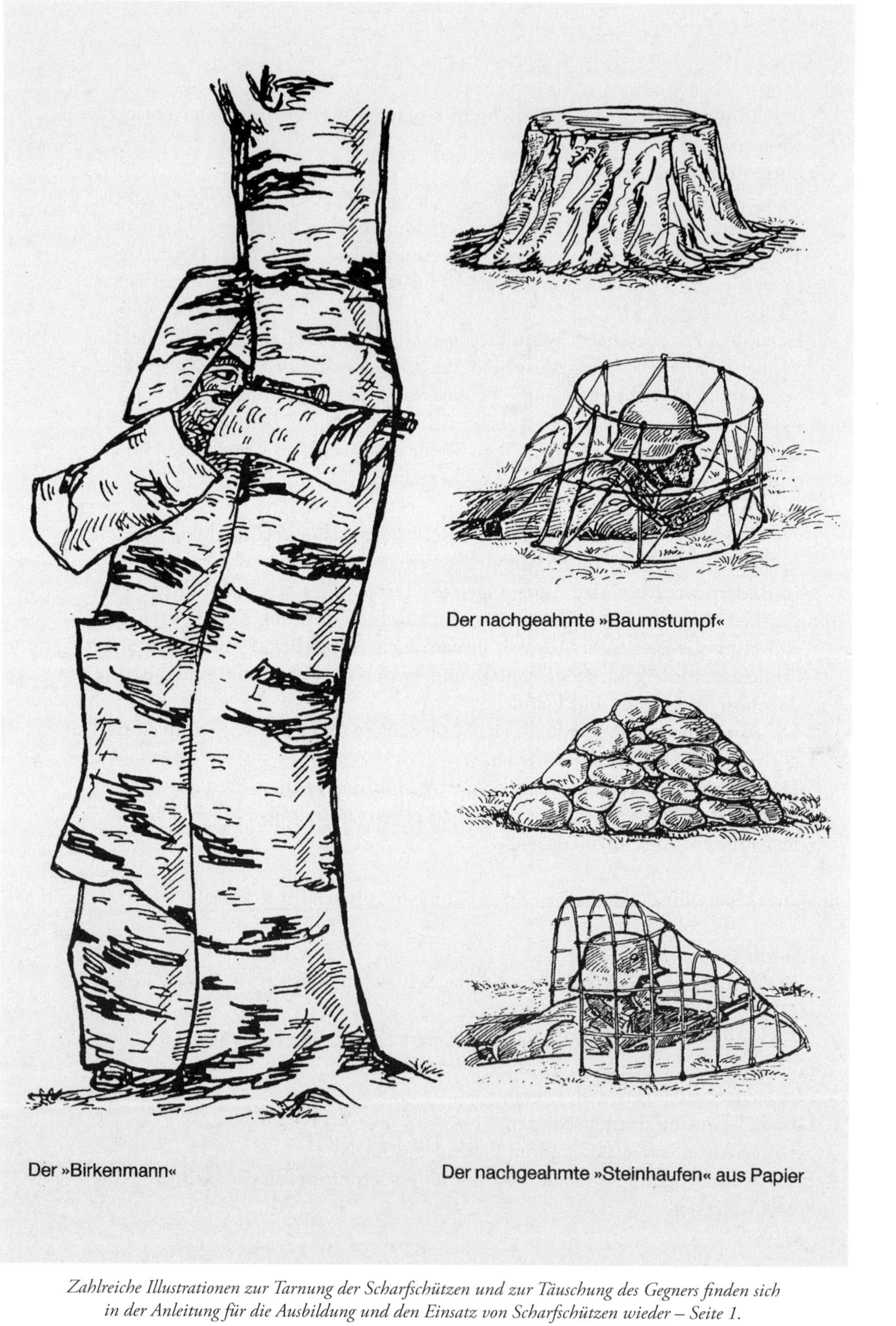

Zahlreiche Illustrationen zur Tarnung der Scharfschützen und zur Täuschung des Gegners finden sich in der Anleitung für die Ausbildung und den Einsatz von Scharfschützen wieder – Seite 1.

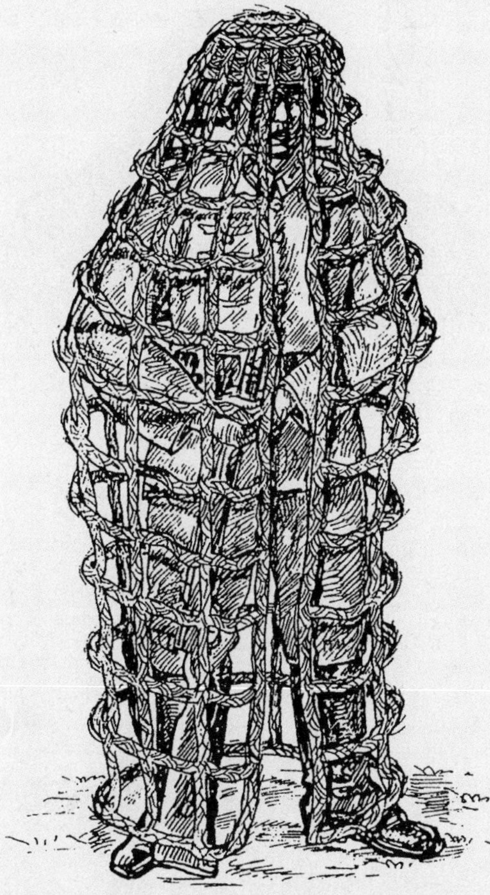

Der netzartig geflochtene »Zopfmantel« zum Einstecken aller Tarnungen

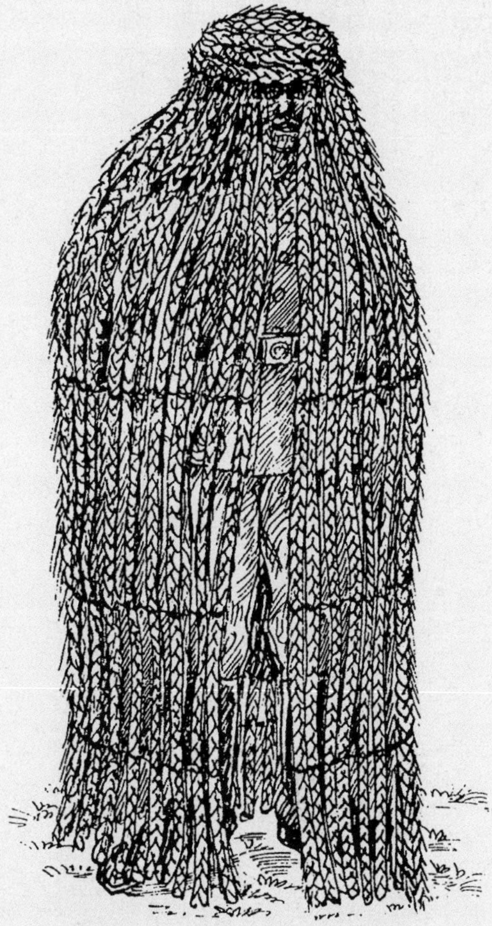

Der längsgeflochtene »Zopfmantel« aus Gras

Zahlreiche Illustrationen zur Tarnung der Scharfschützen und zur Täuschung des Gegners finden sich in der Anleitung für die Ausbildung und den Einsatz von Scharfschützen wieder – Seite 2.

Der »Florentinerhut«

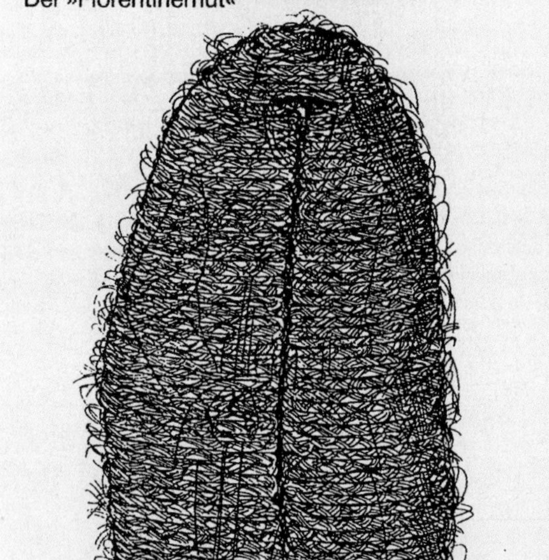

Der Scharfschütze im »Bienenkorb«

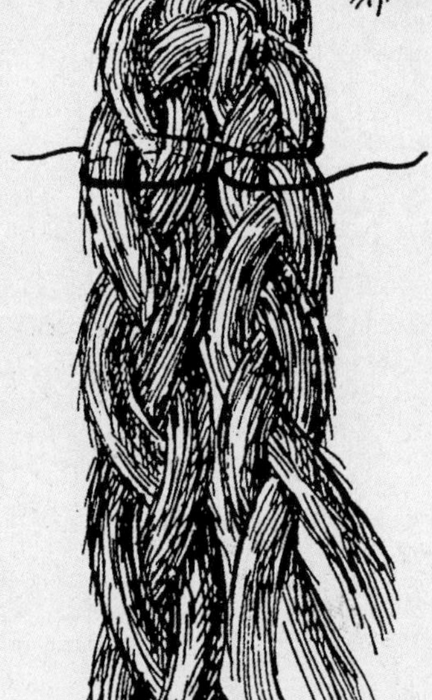

Der geflochtene »Tarnhut«

Zahlreiche Illustrationen zur Tarnung der Scharfschützen und zur Täuschung des Gegners finden sich in der Anleitung für die Ausbildung und den Einsatz von Scharfschützen wieder – Seite 3.

Die »Fransentarnung« (Gras, Grasbüschel, Kiefernbüschel)

»Tarnfächer« aus Draht

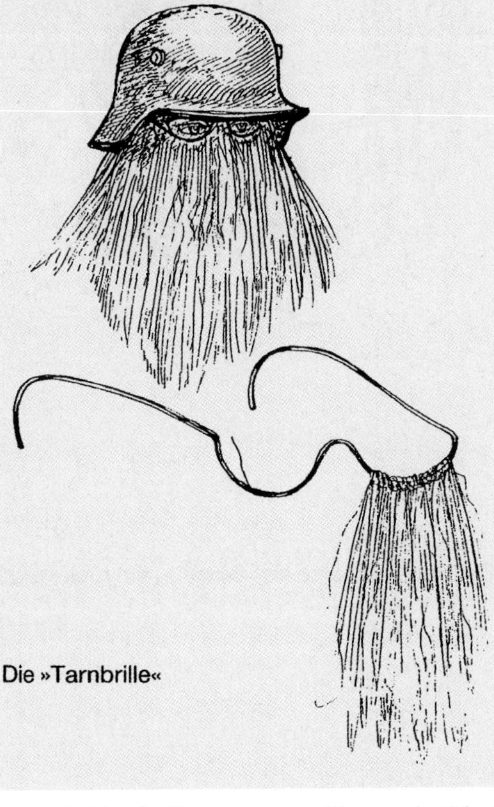

Die »Tarnbrille«

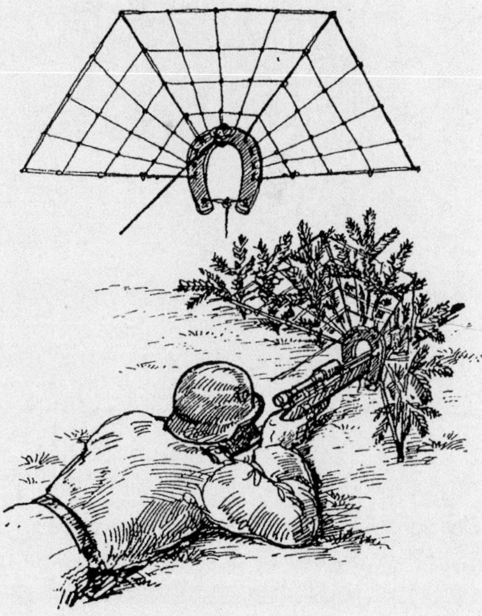

Zahlreiche Illustrationen zur Tarnung der Scharfschützen und zur Täuschung des Gegners finden sich in der Anleitung für die Ausbildung und den Einsatz von Scharfschützen wieder – Seite 4.

Der Scharfschütze als »Busch« (von vorn)

Der Scharfschütze als »Busch« (von rückwärts)

Zahlreiche Illustrationen zur Tarnung der Scharfschützen und zur Täuschung des Gegners finden sich in der Anleitung für die Ausbildung und den Einsatz von Scharfschützen wieder – Seite 5.

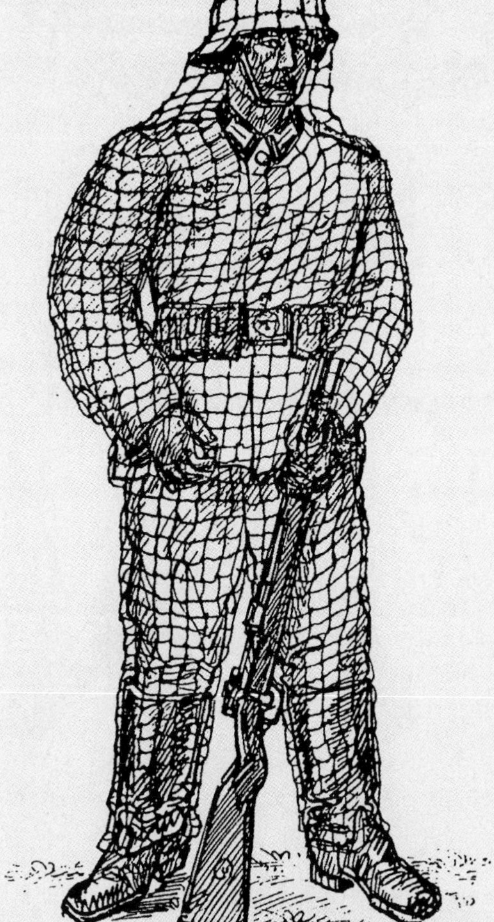

Netzanzug für alle Tarnungen

Polnisches Tarnhemd

Zahlreiche Illustrationen zur Tarnung der Scharfschützen und zur Täuschung des Gegners finden sich in der Anleitung für die Ausbildung und den Einsatz von Scharfschützen wieder – Seite 6.

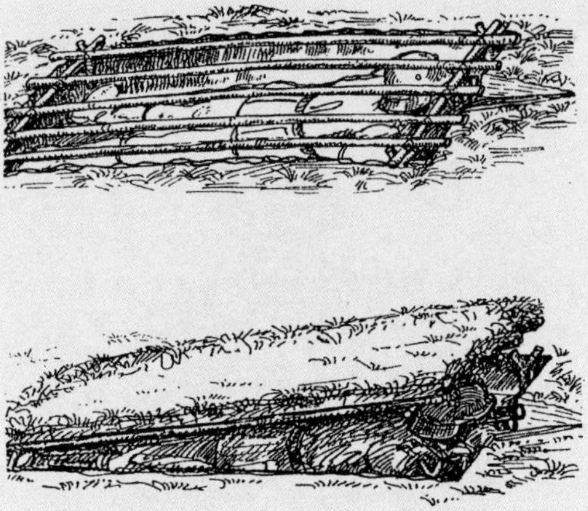

Abgedeckte Schützenmulde

Pirschgestell mit Gewehrschlitten

Pirschgestell

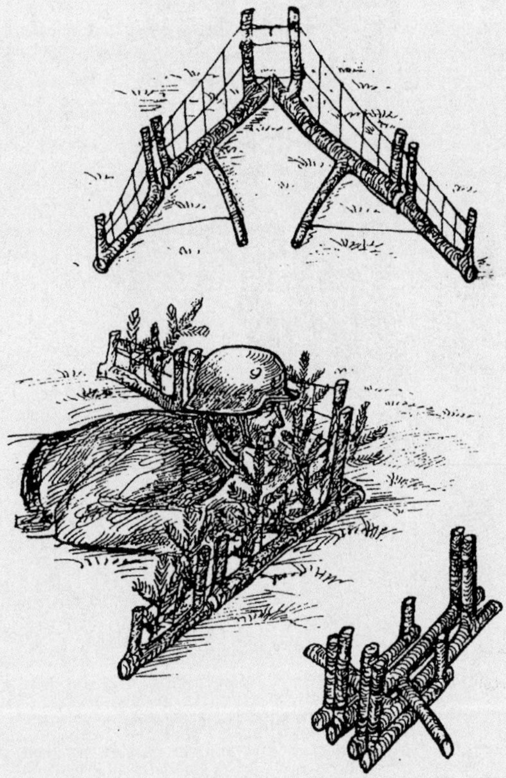

Tarnfächer aus Holz

Zahlreiche Illustrationen zur Tarnung der Scharfschützen und zur Täuschung des Gegners finden sich in der Anleitung für die Ausbildung und den Einsatz von Scharfschützen wieder – Seite 7.

»Indianerhaube« aus Draht (tarnt jede Kopfbewegung)

Tarnnetz zum Anpirschen

Tarnmatte für das Anpirschen

Zahlreiche Illustrationen zur Tarnung der Scharfschützen und zur Täuschung des Gegners finden sich in der Anleitung für die Ausbildung und den Einsatz von Scharfschützen wieder – Seite 8.

Die Puppe, an langer Stange angebracht

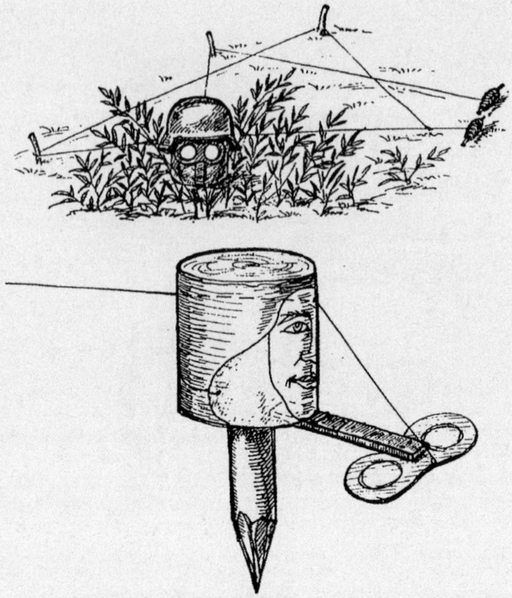

Die beobachtende Puppe

Die sich bewegende Puppe im Graben

Sichtbarmachung einer Scherenfernrohr-Attrappe durch Auseinanderziehen eines Busches

Zahlreiche Illustrationen zur Tarnung der Scharfschützen und zur Täuschung des Gegners finden sich in der Anleitung für die Ausbildung und den Einsatz von Scharfschützen wieder – Seite 9.

Puppe mit Hochheben des Fernglases

Die »rauchende« Puppe

Die vorpirschende Puppe

Zahlreiche Illustrationen zur Tarnung der Scharfschützen und zur Täuschung des Gegners finden sich in der Anleitung für die Ausbildung und den Einsatz von Scharfschützen wieder – Seite 10.

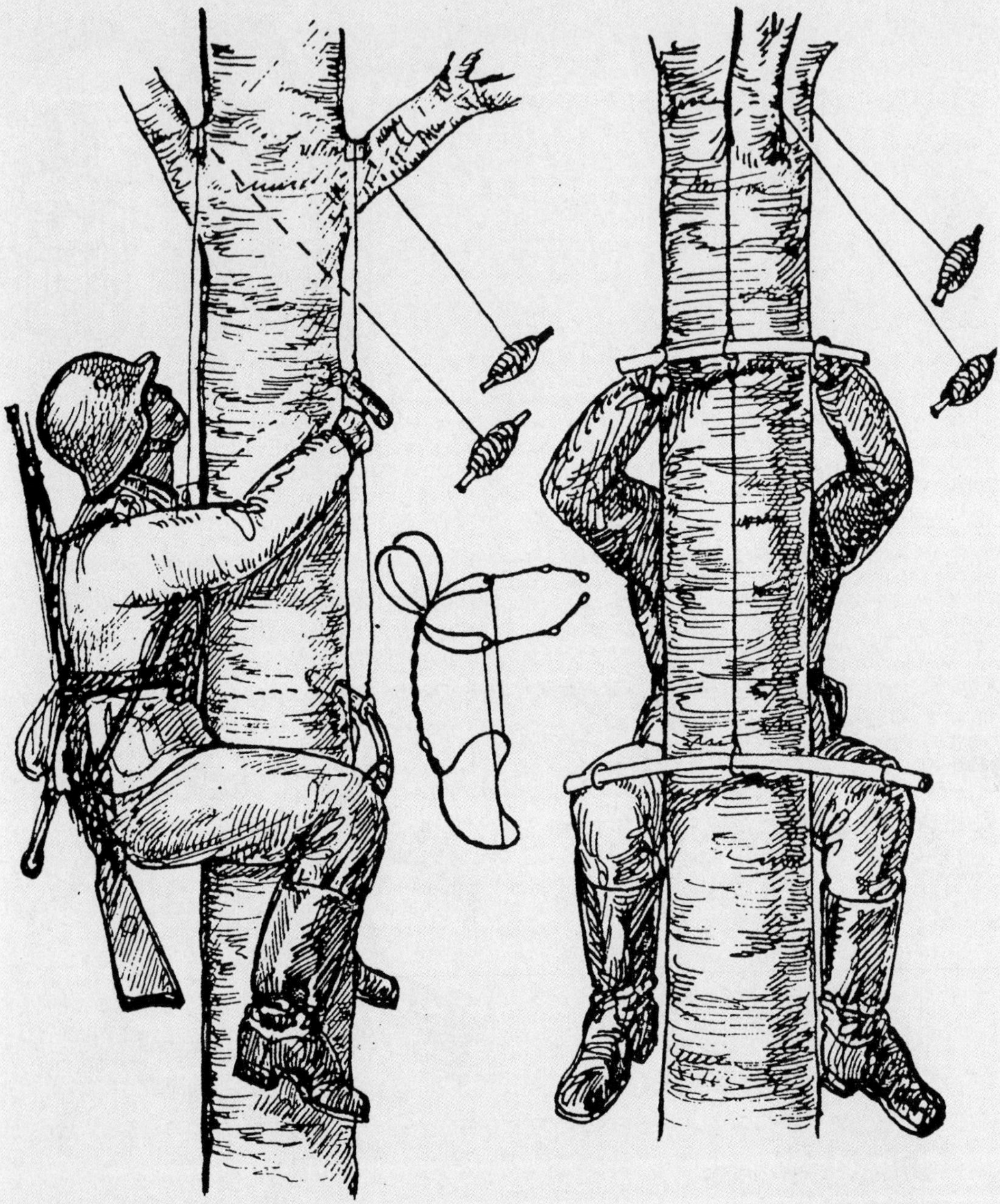

Der Baumkletterer

Zahlreiche Illustrationen zur Tarnung der Scharfschützen und zur Täuschung des Gegners finden sich in der Anleitung für die Ausbildung und den Einsatz von Scharfschützen wieder – Seite 11.

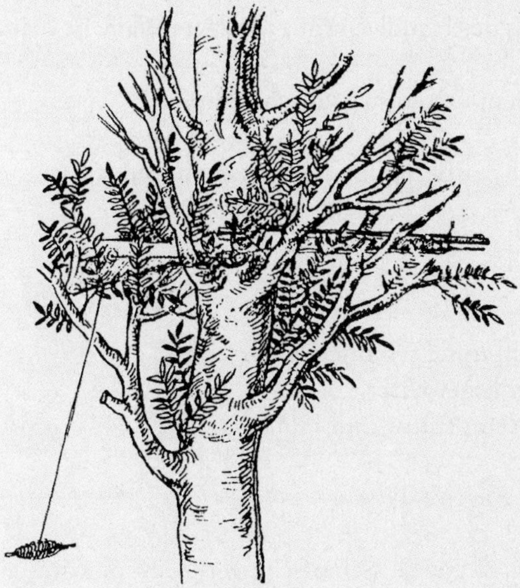

Vorgetäuschter Baumschütze (Selbstladegewehr)

Auftauchende und schießende Puppe

Aus Bunkerscharte schießende Puppe

In Stellung gehende und schießende Puppe

Zahlreiche Illustrationen zur Tarnung der Scharfschützen und zur Täuschung des Gegners finden sich in der Anleitung für die Ausbildung und den Einsatz von Scharfschützen wieder – Seite 12.

9. Gib dein Zielfernrohrgewehr nie aus der Hand! Die gut gepflegte Waffe ist deine Stärke…
10. Überlebenswichtig ist zehnmal tarnen, um einmal zu schießen.

Zum absolut notwendigen Wissen des Scharfschützen zählen seit eh und je:

1. Die Geländebeurteilung.
2. Der mögliche Rückweg.
3. Die bestmögliche Tarnung.
4. Gute Nerven und Konzentration auch unter feindlichem Beschuss.
5. Ein präzise eingeschossenes Zielfernrohrgewehr.
6. Richtiges Schätzen der Entfernung, Temperatur und Höheneinflüsse.
7. Listiges Täuschen des Gegners.
8. Richtiges Vorhalten bei beweglichen Zielen.

In der Heeresdienstvorschrift HDV 298/20 für die Scharfschützen heißt es wörtlich: „Der Scharfschütze muss zum Jäger erzogen werden, der sich mit lockeren, weichen, schmiegsamen Bewegungen an ein feindliches Wild heranpirscht, alle Vorteile der Bodendeckung und des Geländes geschickt ausnützt, sich tarnt, dass er unsichtbar wird und mit der Ruhe des Waidmannes wartet, bis sein Wild ‚schussbereit' ist, das heißt die beste Stellung zum Schuss zeigt, um es mit einem gut gezielten Kopfschuss zur Strecke zu bringen. List, Gewandtheit, Tarnung und hervorragende Schießtechnik zeichnet den Scharfschützen aus."

Dem Merkblatt 25b/36 für den Einsatz und die Verwendung von Scharfschützen konnte Matthäus Hetzenauer entnehmen:

1. Der Scharfschütze ist ein sorgfältig ausgebildeter Spezialist. Er ist mit einem besonders guten Scharfschützengewehr und Spezialmunition ausgestattet, und hat sich damit während der Ausbildung eingehend vertraut gemacht und eingeschossen. Infolgedessen kennt er die Eigenarten seiner Waffe und weiß, worauf es bei ihrer Pflege ankommt.
   Er ist allein für das Gewehr und Gerät verantwortlich. Es muss ihm Gelegenheit gegeben werden, die Treffpunktlage seines Gewehrs zu überprüfen und Ungenauigkeiten zu berichtigen.
   Es ist verboten, ihm sein Gewehr und das Gerät ohne zwingende Gründe abzunehmen oder damit andere Schützen auszubilden und Schießübungen abzuhalten.
2. Die Sonderausbildung des Scharfschützen hat sich neben einer gründlichen Ausbildung im Schießen vornehmlich erstreckt auf: Jägermäßiges, listenreiches Verhalten, Geduld und Ausdauer, vorbildliche Geländeausnutzung und Tarnung. Der Scharfschütze hat gelernt, dass es für ihn nicht auf eine schnelle Schussfolge, son-

dern allein darauf ankommt, dass er jedes Mal mit dem ersten Schuss einen Treffer erzielt.

3. Der Scharfschütze stürmt im Allgemeinen nicht mit, sondern unterstützt seine stürmende Truppe durch Vernichtung besonders gefährlicher Feindziele.
   Einsatz über 400 Meter lohnt nur gegen größere gut sichtbare Ziele. Scharfschützen sollen möglichst paarweise oder mit einem Beobachter zusammenarbeiten. Sie unterstützen sich dann gegenseitig beim Zielerkennen,
   Überwachen des Anpirschens,
   Täuschen feindlicher Scharfschützen,
   Beobachten der Schüsse,
   Sichern beim Absetzen vom Feind.
   Scharfschützen können innerhalb der Kompanie oder des Bataillons zusammengefasst eingesetzt werden.
   Der Scharfschütze schießt aus einer Stellung höchstens 3–5 Schuss. Deshalb mehrere gut getarnte und gedeckt erreichbare Wechselstellungen erkunden und vorbereiten.
   Die Stellungen sollen möglichst flankierenden Einsatz erlauben und frontal Deckung gegen Sicht und Schuss bieten. Scharfschützen dürfen niemals neben Maschinenwaffen in Stellung gehen. Koppeln des Feuers der Scharfschützen mit Steilfeuerwaffen (Gewehrgranatgerät, Granatwerfer) ist besonders wirkungsvoll.
   Ziele für Scharfschützen sind:
   Offiziere, Scharfschützen, Beobachter, Melder,
   Bedienungen schwerer Waffen,
   Posten, Schießscharten.
   Haupttätigkeitszeiten sind:
   Morgen- und Abenddämmerung,
   Verpflegungs- und Ablösungszeiten des Gegners.
4. Der Scharfschütze erhält grundsätzlich einen Kampfauftrag, den er selbständig unter voller Handlungs- und Bewegungsfreiheit zu lösen hat. Größerer Zeitbedarf und räumliche Trennung von der Einheit können dabei nicht immer vermieden werden.
   Bei der Aufklärung werden Scharfschützen – am besten paarweise – zur Sicherung und Unterstützung von Späh- und Stoßtrupps eingesetzt.
   Beim Angriff sind Scharfschützen besonders geeignet zur Niederkämpfung gefährlicher Augenblicksziele, zum Flankenschutz und zur Bekämpfung von Sehschlitzen feindlicher Panzer und Schießscharten feindlicher Kampfanlagen.
   In der Verteidigung gehen die Scharfschützen je nach Lage bei den Gefechtsvorposten, in oder hinter der HKL [Hauptkampflinie] in Lauerstellung. Hier werden sie – wie der Jäger auf dem Anstand – oft stundenlang auf einen günstigen Moment zur Schussabgabe warten. Keine unvorsichtige Bewegung des Feindes darf

ihnen entgehen. Sie müssen das feindliche Stellungssystem und die Gewohnheiten des Gegners genau kennen. Zweckmäßig fertigen sie sich eine Zielpunktskizze an, um Beobachtungsergebnisse schnellstens austauschen und durch rasche und genaue Entfernungsermittlung treffsichere Schüsse anbringen zu können. Beim Absetzen vom Feind unterstützen die Scharfschützen den Kampf der zur Deckung der Absatzbewegungen eingesetzten Nachtruppen.

5. Besondere Leistungen der Scharfschützen sollen durch Auszeichnungen und Belohnung anerkannt werden (Erwähnung im Tagesbefehl, Meldung an vorgesetzte Dienststelle, Sonderurlaub, Bild des Vorgesetzten mit Widmung und Unterschrift, Marketenderwaren). Schwierige Einsatzbedingungen, zum Beispiel stunden- oder tagelanges Ansitzen, können die Befreiung vom laufenden Kompaniedienst und die Bewilligung geeigneter Verpflegungszulagen (zum Beispiel Konserven, Zwieback, Keks) rechtfertigen.

Während seines Kampfeinsatzes an der südlichen Ostfront wurde der Scharfschütze Matthäus Hetzenauer in sämtlichen Gefechtsarten zur Bekämpfung einer Vielzahl von Zielen und zur Durchführung von schwierigen und gefahrvollen Aufklärungs- und Erkundungseinsätzen herangezogen. Es handelte sich hierbei um strategisch wichtige Straßenkreuzungen, Brücken, Flugplätze, Bahnlinien, Fernmeldeeinrichtungen und andere Schlüsselobjekte; sowohl im normalen Gelände als auch in den Karpaten. Denn „Scharfschützen sind in der Lage, derartige Ziele zu sichern, zu überwachen, sie abzuriegeln oder gegen sie zu wirken.“[20]

Als Hetzenauer einmal gefragt wurde, was die größte Entfernung war, auf die er jemals ein Ziel bekämpft habe, antwortete er: „Etwa 1.100 Meter, ein stehender Soldat. Ein Treffer war unwahrscheinlich, aber der Schuss war unter den gegebenen Umständen notwendig, um dem Feind klar zu machen, dass er sich selbst auf diese Entfernung nicht sicher sein konnte.“

Das Scharfschützenabzeichen

Für ihren äußerst risikoreichen Einsatz während des Zweiten Weltkrieges und wegen ihrer außergewöhnlichen Tapferkeit im erbarmungslosen Fronteinsatz wurden die erfolgreichsten Scharfschützen der Deutschen Wehrmacht während der ersten Kriegsjahre mit den Eisernen Kreuz II. und I. Klasse ausgezeichnet. Um sie aber besonders herauszustellen gegenüber den Infanteristen, Grenadieren und Landsern der anderen Waffengattungen, die sich gegenüber dem Feind außergewöhnlich bewährt hatten, wurden vor der offiziellen Einführung des Scharfschützenabzeichens von den Divisionen besondere Anerkennungsabzeichen und Urkunden in eigener Regie verliehen.

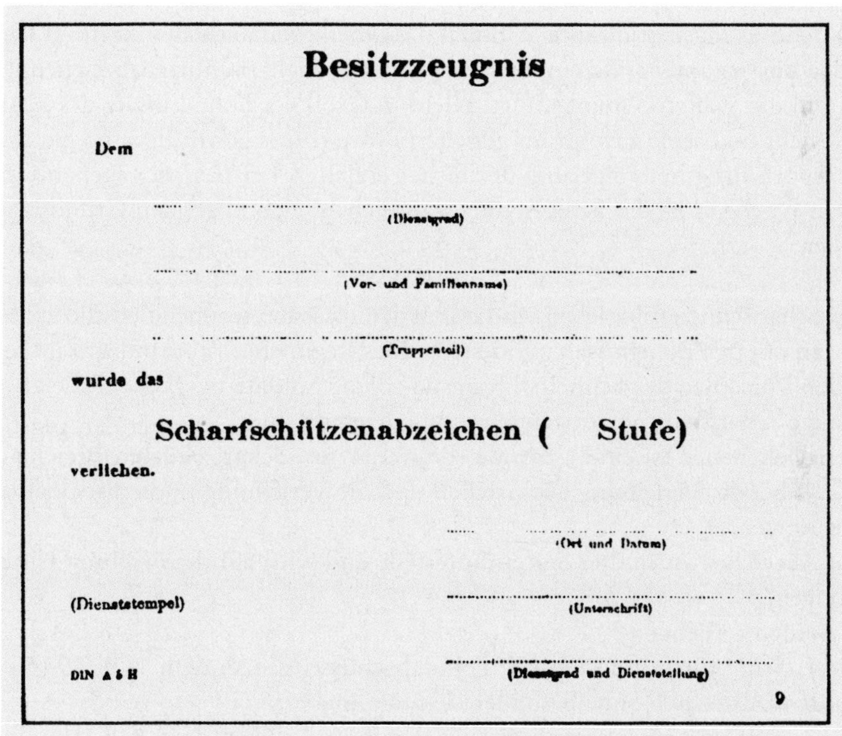

Besitzzeugnis

Dem

(Dienstgrad)

(Vor- und Familienname)

(Truppenteil)

wurde das

Scharfschützenabzeichen (Stufe)

verliehen.

(Ort und Datum)

(Dienststempel)

(Unterschrift)

DIN A 6 H

(Dienstgrad und Dienststellung)

9

Mit dem Scharfschützenabzeichen und dazugehörigem Besitzzeugnis wurden die Leistungen der Scharfschützen in besonderer Weise honoriert.

Denn das Bedürfnis, die Leistung der Scharfschützen anzuerkennen, war an der Front stärker ausgeprägt als bei der Obersten Führung, die sich mit der Stiftung eines Scharfschützenabzeichens sehr lange Zeit ließ. Erst am 20. August 1944 – also einen Monat nach dem Attentat vom 20. Juli auf Adolf Hitler! – erfolgte durch den Führer und Obersten Befehlshaber der Wehrmacht per „Führerbefehl" die Einführung des Scharfschützenabzeichens, das dem Eisernen Kreuz I. Klasse gleichwertig war. In der Verordnung hieß es:

1. In Anerkennung des hohen Einsatzes des Einzelschützen mit Gewehr als Scharfschütze und zur Würdigung der hierbei erzielten Erfolge führe ich für das Heer und die Waffen-SS das Scharfschützenabzeichen ein. Das Abzeichen wird in drei Stufen verliehen.
2. Die Durchführungsbestimmungen erlässt der General der Infanterie beim Chef des Generalstabes des Heeres.

Gleichzeitig mit der Veröffentlichung des „Führerbefehls" erfolgte die Bekanntgabe der Durchführungsbestimmungen durch das Oberkommando des Heeres (O.K.H.). In ihnen hieß es unter anderem: Der Führer hat ein Scharfschützenabzeichen für das Heer und die Waffen-SS eingeführt. Hierdurch soll der hohe Einsatz des Schützen mit Gewehr und seine Erfolge im gezielten Einzelschuss gewürdigt und gleichzeitig ein Ansporn für eine Steigerung der bisher erzielten Leistungen gegeben werden. Dementsprechend ist das Scharfschützenabzeichen nach folgenden Grundsätzen zu verleihen:

1. Das Scharfschützenabzeichen wird durch den nächsten truppendienstlichen Vorgesetzten mit den Befugnissen mindestens eines Regimentskommandeurs auf schriftlichen Vorschlag des Einheitsführers an solche Soldaten verliehen, die als planmäßige Scharfschützen ausgebildet und eingesetzt sind.
   Dem Beliehenen ist eine Urkunde (Besitzzeugnis, Scharfschützenabzeichen Stufe ...) über die Verleihung auszustellen und die Verleihung in die Personalpapiere einzutragen.
2. Das Abzeichen ist in drei Stufen unterteilt und wird auf dem rechten Unterarm getragen.
3. Es werden verliehen:
   Die 1. Stufe für mindestens 20 Feindabschüsse, die ab dem 1. 9. 1944 erzielt wurden (Abzeichen ohne besondere Umrandung).
   Die 2. Stufe für mindestens 40 Feindabschüsse, die ab dem 1. 9. 1944 erzielt wurden (Abzeichen mit Silberkordel umrandet).
   Die 3. Stufe für mindestens 60 Feindabschüsse, die ab dem 1. 9. 1944 erzielt wurden (Abzeichen mit goldgelber Kordel umrandet).
   Im Nahkampf erzielte Abschüsse werden nicht angerechnet. Im Übrigen muss der Feind bewegungsunfähig geschossen sein und darf nicht die Absicht gezeigt haben, überzulaufen oder sich gefangenzugeben.

4. Über jeden Abschusserfolg ist bei der Einheit eine Meldung und Bestätigung durch mindestens einen Zeugen (Offizier, Unteroffizier) einzureichen.
Eine rückwirkende Anrechnung von Abschüssen erfolgt nicht, um unnötigen Schriftverkehr zu vermeiden. Es wird vielmehr vorgeschlagen, die bisherigen Leistungen durch die Truppe bei den Verleihungen von Eisernen Kreuzen mitbewerten zu lassen.

O.K.H. 20. 8.1944

Mit dem Scharfschützenabzeichen und dazugehörigem Besitzzeugnis wurden die Leistungen der Scharfschützen in besonderer Weise honoriert.

Um die Männer der Waffen-SS zum Scharfschützeneinsatz besonders anzuspornen und zu motivieren, schrieb Heinrich Himmler an den Rüstungsminister Albert Speer hinsichtlich der Scharfschützenausbildung am 18. Dezember 1944 Zusatzprämien für die Scharfschützen aus. Er nahm an, „dass theoretisch alleine an der Ostfront im Monat etwa 20.000 Gegner durch Scharfschützen vernichtet werden könnten, wenn genügend Scharfschützengewehre und Zielfernrohre zur Verfügung gestellt würden." Daher versprach der Reichsführer-SS:

1. Nach 50 bestätigten Abschüssen als Belohnung eine Armbanduhr.
2. Beim 100. bestätigten Abschuss wird er zum Abschuss eines Hirsches oder einer Gams von mir eingeladen.

Reichsführer SS
Heinrich Himmler.

Mit der 3. Gebirgsdivision an der Ostfront 1944–1945

Nach seiner fundierten Ausbildung als Scharfschütze auf dem steirischen Truppenübungsplatz in den Seetaler Alpen wurde Matthäus Hetzenauer am 17. Juli 1944 vom Marschbataillon zur besonderen Verwendung (z.b.V.) 379 in die 7. Kompanie des Gebirgsjägerregiments 144 der 3. Gebirgsdivision als Scharfschütze versetzt. Dieser Gebirgsgroßverband befand sich unter seinem neuen Kommandeur Generalmajor Paul Klatt im Südabschnitt der Ostfront im schweren Kampfeinsatz.[21] Daher blieb dem blutjungen Sohn des Sonnleitbauer aus dem beschaulichen Tiroler Brixental auch wenig Zeit, um sich mit dem Eigenleben eines Kampfverbandes und ihren Führern und Unterführern vertraut zu machen.

Zum Glück „ließ das Feindbild für die nächste Zukunft ruhigen Stellungskrieg erwarten“, erfahren wir von Hetzenauers hochverehrtem Divisionskommandeur Klatt. „In der 38. Schützendivision und dem 159. Befestigungsabschnitt lagen uns zwei relativ schwache Feindverbände gegenüber. Sie kannten keine Disziplin im taktischen Funk und versorgten uns deshalb bald mit sehr brauchbaren Meldungen über die Einsatzgliederung und ihre Absichten. Die Kampftätigkeit der folgenden Wochen beschränkte sich auf beiderseitige Späh- und Stoßtrupptätigkeit, auf gelegentliche Artillerieduelle und auf das vom Feinde besonders gefürchtete Wirken unserer Scharfschützen. Stellungskrieg! Endlich fanden wir Zeit, uns zu ordnen und aufzufrischen. Noch waren wir nicht ausgebrannt. Ein kleiner, aber in vielen Gefechten erprobter Stamm von Führern und Unterführern war erhalten geblieben. Aus der Heimat trafen starke Marschbataillone ein. [...]

Bald hatten die Kompanien und Bataillone wieder volle Kriegsstärke erreicht. Neue Bande der Achtung und Kameradschaft knüpften sich an, in den Gruppen von Mann zu Mann, in den Verbänden und von einer Waffengattung zur anderen. [...] Kein Drill, und dennoch wachten die Kommandeure als Kristallisationskern soldatischer Ordnung darüber, dass die Gefechtskraft ihrer Verbände wuchs. Bei der Beschaffung von Waffen und Kriegsgerät ergaben sich Schwierigkeiten, doch sie konnten noch einmal gemeistert werden. Oberst Kreppel ruhte nicht eher, als bis das letzte fehlende Gebirgsgeschütz herangeholt worden war. „Rückblickend“, so Hetzenauers Divisionskommandeur „stellt sich diese Zeit an der Moldau als ein letztes Atemholen dar, bevor sich für uns der Vorhang zum blutigen Schlussakt des Kriegsdramas auftat.“[22]

Und dieses ließ in der Tat nicht mehr allzu lange auf sich warten. Der Durchbruch der Roten Armee bei Brody an der Styrfront, von dem Klatt am 14. Juli 1944 erfuhr, wirkte auf ihn alarmierend. Denn schließlich kannte er die Sogwirkung, die von derartigen Großraumkämpfen auf weiter entfernte Frontabschnitte ausging, aus den bisherigen Rückzugskämpfen an der Ostfront zur Genüge.

Die 8. Jägerdivision, der nördliche Nachbar der 3. Gebirgsdivision, verschob sich nach Nordwesten, an den oberen Bug. Die Gebirgsjäger erhielten den Befehl, ihren bisherigen Abschnitt um fünfundfünfzig Kilometer nach Nordwesten zu verlängern. Damit wurde ihnen die Verantwortung für einen über neunzig Kilometer langen Abschnitt der Gebirgsfront übertragen.

Zum neuen Verteidigungsschwerpunkt wurde nun die Eisenbahnlinie bei Gura Humorului. Dort zog sich die Hauptkampflinie rund fünfzig Kilometer weit durch einen dichten Wald und stieg dann von sechshundert Metern bis zu den 1.200 hohen Bergkämmen der Karpaten empor.

Das misslungene Attentat vom 20. Juli 1944 auf den Führer und Obersten Befehlshaber überraschte sowohl die Führung als auch die Truppe im Frontbereich. Zuvor waren auch bei der 3. Gebirgsdivision die Nationalsozialistischen Führungsoffiziere (NSFO) eingetroffen, die jedoch zu ihren Kommandeuren und Unterführern standen. Währenddessen bildete das Lehrpersonal der Division noch rumänische Einheiten aus, ohne zu ahnen, dass der rumänische Seitenwechsel kurz bevorstand.

In den frühen Morgenstunden des 19. August eröffnete die Rote Armee an der Karpatenfront ihren Angriff gegen die Stellungen der 3. Gebirgsdivision mit schwerem Artilleriefeuer. Wenig später trat die neu festgestellte sowjetische Schützendivision aus dem Raum Solca mit vier Angriffskeilen an. Das rumänische Bataillon „Ghergel", das im Abschnitt des II. Bataillons des Gebirgsjägerregiments 138 eingesetzt war, gab die beiden von ihnen besetzten Höhen bereits nach wenigen gezielten Scharfschüssen auf.

Am 20. August wurde der Divisionskommandeur verwundet, als er das Feldersatzbataillon 112 nördlich von Frumosul zu einem Gegenangriff ansetzte. Seine Männer stießen nach einem beschwerlichen Aufstieg auf eine vielfache gegnerische Übermacht. Gebirgsbatterien unterstützten die Sturmtruppen so gut es ging. „Dennoch wird das Ringen um die Höhe 1.055 im dichten Hochwald zu einem Kaleidoskop blitzschnell wechselnder Gefechtssituationen", schrieb Paul Klatt. „Die Erinnerung bewahrt noch das Bild blutiger Duelle unserer Jäger mit feindlichen Baumschützen, das Herumwerfen der Waffen zur Verteidigung gegen einen Hinterhalt, das gierige Spähen in ein Dickicht im Zweifel darüber, ob es Feind oder Freund verbirgt. Am Ende dieses verlustreichen Waldkampfes steht jedoch der Aufbau des befohlenen Sperrriegels durch unser Feldersatzbataillon."[23]

Am Morgen des 23. August sollte der Gegenangriff des Gebirgsjägerregiments 138 beginnen. Die beiden Angriffsgruppen Grießler und Zeppner bestanden aus dem I. und III. Bataillon des Gebirgsjägerregiments 138. Ihnen wurde die 3. Kompanie des Gebirgspionierbataillons 83 unter dem schneidigen Oberleutnant Herbert Hintze unterstellt. Angriffsziel waren die Höhen 131 und 1.209 im Rücken des II. Bataillons/ Gebirgsjägerregiment 138.

„Die Sowjets wehren sich erbittert“, erinnerte sich Hetzenauers Divisionskommandeur Paul Klatt. „Höhe 1.131 wird von den Jägern und Pionieren gestürmt. Ein wolkenbruchartiger Regen geht nieder. Trotzdem gelingt die Bereinigung bis zum Nachmittag fast vollständig. Und tags darauf fällt Höhe 1.209, an die sich die Jäger in der Nacht bis auf 400 Meter herangekämpft haben.“[24]

Den endgültigen Sieg in diesem Ringen hielt der 1. Generalstabsoffizier Oberst im Generalstab von Eimannsberger in wenigen Worten in seinem persönlichen Tagebuch fest: „Nach Funkaufklärung befiehlt die sowjetische 240. Schützendivision den Angriffsstopp. Lage beim Feldersatzbataillon 112 stabil. Stützpunkte II. Bataillon/ Gebirgsjägerregiment 138 melden Munitionierung und Verwundetenabschub. Der Rücken dieses Bataillons ist frei!“

Aber schon kurz darauf trafen alarmierende Meldungen bei der 3. Gebirgsdivision ein, die Generalmajor Klatt auf das Höchste erschreckten, denn die rumänischen Truppen waren vom Achsenpartner abgefallen. Das bedeutete höchste Gefahr für die „Dritte“. Die Kommandeure und Unterführer sprachen ganz offen vom rumänischen Verrat, von dem sie wie aus heiterem Himmel getroffen wurden, denn der rumänische Frontwechsel hatte auch für die im Abschnitt der 3. Gebirgsdivision stehenden rumänischen Truppen beträchtliche Konsequenzen.

„In dieser Nacht des Verrats“, so der vom Scharfschützen Matthäus Hetzenauer bis an sein Lebensende hochverehrte General Klatt, „überstürzten sich auch bei uns die Ereignisse. Gegen 23.00 Uhr fragt das II. Bataillon/Gebirgsjägerregiment 144 (Kloß) bei dem Verbindungsoffizier der Division im Kloster Slatina an, was mit den rumänischen Grenzjägern los wäre.

Sie verhielten sich im Nachbarabschnitt feindselig. Zwei eigene Gruppen der Nahtkompanie seien auf noch ungeklärte Weise von Russen oder Rumänen überwältigt worden. Außerdem schossen die Verbündeten Leuchtzeichen, die von der Sowjetfront her beantwortet würden. Oberleutnant Kaack gibt diese Meldung an die Division weiter und verspricht dem Bataillon, selbst die notwendigen Feststellungen bei dem rumänischen Brigadekommando zu treffen. Dann reißt die Telefonverbindung zur Vermittlung ‚Lise‘ im Kloster Slatina ab.“[25]

Die 3. Gebirgsdivision verlor in dieser Nacht drei Offiziere, dreißig Unteroffiziere und 243 Mann, die im rumänischen Mittelabschnitt standen. Die Rumänen übergaben ihre ehemaligen deutschen Kameraden gefesselt den Sowjets. Generalmajor Klatt zog aus dem Verhalten der Rumänen die notwendigen Konsequenzen. Vor allem musste er jetzt im eigenen Abschnitt eine zusammenhängende Front errichten. Am 25. August griff das I. Bataillon/Gebirgsjägerregiment 144 die abtrünnigen Rumänen an, die sich bei Găineşti und im Kloster Slatina sammelten. Fluchtartig zogen sie sich daraufhin zurück, stießen bei Valea Seacă auf sowjetische Truppen und wurden von diesen gefangen genommen. Damit teilten die Rumänen das Los der von ihnen verratenen ehemaligen deutschen Waffenbrüder.

Von der Heeresgruppe Südukraine erhielt die 3. Gebirgsdivision den Auftrag, die sowjetischen Durchbruchsversuche auf die Passstraße zu vereiteln und etappenweise zurückzugehen. Am frühen Morgen des 28. August griff daraufhin das II. Bataillon des Gebirgsjägerregiments 144 unter Major Kloß, das bis dahin die Straße über den Aurelpass nach Borca gesichert hatte, aus dem Raum Gura-Largu nach Norden an. Sowjetische Einheiten waren dort in den Bergen vorgedrungen und nun drauf und dran, Einheiten der „Dritten" abzuschnüren. Als Major Kloß Gura-Largu erreichte, stieß er dort auf gegnerische Einheiten, die sein Bataillon in zwei Hälften spalteten. Ungeachtet dessen trat er dem Feind massiv entgegen.

Bei diesen nervenaufreibenden Gefechten war es insbesondere der Scharfschütze Matthäus Hetzenauer, der an diesem Angriffstag, der das Bataillon vier Kilometer weiterbrachte, den deutschen Stützpunkten am Plutonpass aus einer Krisensituation half. Als erfolgreichster Scharfschütze der Deutschen Wehrmacht wurde er später, wie wir noch an anderer Stelle ausführlicher erfahren werden, mit dem Ritterkreuz des Eisernen Kreuzes ausgezeichnet.

Ebenso wie Hetzenauer kämpften auch die Scharfschützen Josef Allerberger und Josef Roth sowie viele unbekannte Gebirgsjäger mit einer wahren Todesverachtung gegen einen vielfach überlegenen Feind. Denn das erbarmungslose Duell mit den sowjetischen Scharfschützen hatte seine eigenen Gesetze. Pardon wurde auf keiner Seite gegeben. Wer hier Skrupel hatte und schwache Nerven besaß, der hatte schon verloren und lebte nicht mehr lange.

An allen Brennpunkten der 3. Gebirgsdivision tauchte neben Matthäus Hetzenauer der Scharfschütze Josef Allerberger auf. Er „zwang durch sein nahezu unfehlbares Feuer den Gegner in die Defensive. Mit schier unglaublicher Nervenstärke trug er seine Projektile mit tödlicher Sicherheit in die Reihen der russischen Angreifer. In solch verzweifelten Kampflagen war es von entscheidendem Vorteil, wenn es gelang, den Gegner auch in seiner Kampfmoral zu verunsichern.

Der erfahrene Scharfschütze trachtete darum nicht so sehr nach tödlichen Treffern, sondern nach möglichst schmerzhaften und kampfunfähig machenden Rumpfschüssen. Neben einer deutlich höheren Trefferquote in der Hektik des Gefechtes und bei schneller Schussfolge demoralisierte das tierische Geschrei der Schwerverletzten ihre Kameraden und hemmte den Angriffsschwung. In Kämpfen wie diesen, gegen überlegene Angriffswellen, entwickelte Sepp [Josef Allerberger] seine persönliche Taktik zur Perfektion.

Er wartete ab, bis sich drei bis vier Angriffswellen in der Tiefe gestaffelt hatten. Dann begann er mit sehr schneller Schussfolge möglichst viele Bauchschüsse in die letzten beiden Wellen zu setzen. Die einsetzenden Schmerzensschreie der Schwerstverwundeten und die Tatsache des rückwärtig abbrechenden Angriffes verunsicherten die vorderen Kampfreihen schlagartig. Der Angriff begann zu stocken.

In diesem Augenblick nahm Sepp die vorderen Angreifer ins Fadenkreuz. Gegner, die bereits näher als fünfzig Meter heran waren, wurden, soweit möglich, mit sofort tödlichen Kopf- oder Herzschüssen bekämpft, um ihre Kampffähigkeit unmittelbar zu unterbinden. Gegner über fünfzig Meter wurden weiter mit Rumpftreffern beschossen, um eben möglichst viele Schwerverwundete zu schaffen. Bei flüchtenden Gegnern führten speziell Nierenschüsse zu unmenschlich schreienden Verwundeten. Oft brach der Angriff dann schlagartig zusammen. Bei solchen Kampflagen erzielte Sepp in wenigen Minuten oft über zwanzig Abschüsse, die allerdings nicht gezählt wurden."[26]

Es waren in diesem Frontabschnitt insbesondere die vielen ausgezeichneten Scharfschützen der 3. Gebirgsdivision, die den Sowjets schwere Verluste zufügten. Die bergungewohnten Rotarmisten konnten die schmalen Riegelstellungen der Gebirgsjäger an keiner Stelle durchbrechen. Immer wieder tauchten die abgewiesenen gegnerischen Angriffsgruppen in den dichten Bergwäldern unter, wo sie jedoch von den Scharfschützen wie das Wild regelrecht abgeschossen wurden.

„Das Wort ‚Abschuss' bringt unwillkürlich Vergleiche mit der Jagd hervor und schockiert in der heutigen Zeit viele Menschen", schrieb Karl Ruef in der Chronik der 3. Gebirgsdivision. „Der Krieg ist auf jeden Fall eine hässliche und brutale Angelegenheit, daher sind viele Ausdrücke genauso brutal, aber wer sich nicht wehrt, geht unter.

Das Abwerfen einer Bombe ins Zielgebiet, das Richten eines Geschützes, der Abschuss eines Torpedos und so weiter war für den damit befassten Soldaten sicherer, für die Getroffenen meist tödlich. In der letzten Auswirkung bestand kein Unterschied zum ‚Abschuss' eines Scharfschützen, der nicht wahllos abdrückte. Er musste laut Vorschrift ganz bestimmte Ziele bekämpfen: Artilleriebeobachter, Offiziere, Melder, Bedienungen schwerer Waffen und so weiter. Es kam also nicht darauf an, wahllos Menschen zu töten, sondern beim Gegner wichtige, der eigenen Truppe besonders gefährliche Personen auszuschalten.

Der Scharfschütze überwachte aus abgesetzter Stellung die eigene Truppe und schützte sie vor Überraschungen. Er hinderte durch sein gezieltes Einzelfeuer feindliche Pioniere beim Brückenbau, wie es der Gefreite Hetzenauer einmal einen ganzen Tag lang zustande brachte. So hielt der Obergefreite Allerberger eine russische Kompanie nicht nur nieder, sondern fügte ihr so starke Ausfälle zu, dass die Rotarmisten sich in panischem Schrecken absetzten, wodurch ein mit siebenundzwanzig Verwundeten belegter eigener Verbandsplatz noch rechtzeitig geräumt werden konnte.

Als Ende August den Verteidigern des Bistritztales auch aus der Nordflanke über den Plutonpass höchste Gefahr durch einen sowjetischen Angriff drohte, schaltete

Hetzenauer in zwei Tagen achtunddreißig Rotarmisten durch sein gezieltes Feuer aus. Dabei muss man die Kampfweise des Scharfschützen, dem immer ein Beobachter mitgegeben war, besonders betrachten. Er liegt stundenlang regungslos und gut getarnt im Gelände, meist vor der eigenen Hauptkampflinie, ständig in Gefahr, von einem Scharfschützen des Gegners entdeckt und ins Fadenkreuz genommen zu werden. ‚Ich habe nur einmal einen Fuß aus Langeweile etwas gehoben', erzählt Sepp Allerberger, ‚und schon durchbohrte ein Schuss meinen Schuhabsatz.' Viele Scharfschützen fielen oder wurden verwundet.“[27]

Erbitterte Kämpfe lieferte auch die 1. Kompanie des Gebirgspionierbataillons 83 unter Oberleutnant Bogenrieder den Sowjets. Sie hielt die Höhe 1.440 nordostwärts von Tarcasa gegen weit überlegene gegnerische Truppen. Diese kleine Kampfgemeinschaft krallte sich verbissen in den Fels und verwehrte dem Gegner so den Eintritt in das Tal der Bistritz. Geschickt setzte Generalmajor Paul Klatt die 3. Gebirgsdivision in rasch gebildeten Kampfgruppen an den Schwerpunkten der Kämpfe ein. So gelang es ihm mit seinen unerschrockenen „Blumenteufeln“ und den Scharfschützen in immer neuer Improvisationskunst, die weit überlegenen gegnerischen Kräfte zu binden und ihnen dabei hohe Verluste zuzufügen.

Die Gebirgspioniere erhielten Sperraufträge zum Schutz des Bistritztales. Sie sprengten Felswände, die dann auf die Gebirgsstraßen der Karpaten herabdonnerten und so den weiteren rasanten Vormarsch der Roten Armee wenn nicht ganz stoppen, so doch nachhaltig erschwerten, damit sich die Gebirgsjäger entweder in besseren Stellungen zum Kampf stellen oder rechtzeitig in gesicherte Frontlinien absetzen konnten.

Zwischen dem 19. und 21. September 1944 griff die gesamte 42. sowjetische Gardeschützendivision die neuen Stellungen der Gebirgsjäger an. Beiderseits der Straße nach Deda rollten Panzer der Roten Armee vor. Aber auch dieses Mal setzten Generalmajor Klatt und seine Kommandeure ihre schwachen Kräfte so geschickt ein, dass sie den Gegner von den Höhen her flankierend unter Feuer nehmen konnten.

Zwei Regimenter der Roten Armee waren um die rechte Flanke der 3. Gebirgsdivision herum angetreten. Noch in der Nacht vom 24. auf den 25. September wurde daraufhin die Ostfront der „Dritten“ auf vorbereitete Stellungen westlich von Poleti zurückgenommen. Drei Tage später war Klatt gerade auf dem Gefechtsstand des ungarischen Obersten von Ferenczy eingetroffen, als dieser von Rotarmisten überfallen wurde. Wieder schaltete sich Hetzenauers Divisionskommandeur erfolgreich in die Abwehr ein, sodass der Feind geworfen wurde. Angesichts dieser Abwehrleistung der Division im Raum Deda hieß es am 4. Oktober 1944 ergänzend zum Wehrmachtsbericht:

„Bei den Kämpfen um Siebenbürgen haben sich die ostmärkische 3. Gebirgsdivision zusammen mit schlesischen Jägern und ungarischen Grenzschutzverbänden unter Führung des Ritterkreuzträgers Generalmajor Klatt und die württembergisch-badische 23. Panzerdivision unter Führung von Generalmajor von Radowitz in Angriff und Abwehr besonders ausgezeichnet."[28]

Am 8. Oktober 1944 begannen die deutschen Absetzbewegungen. Auf das Stichwort „Winzerfest" wurde auch der Gefechtsstand der 3. Gebirgsdivision von Felsö-Repa nach Bistritz und von dort nach Bethen zurückverlegt. Während der anstrengenden Märsche der kommenden Wochen und der immer wieder entflammenden Abwehrkämpfe kam Generalmajor Klatt mit fast all seinen Truppenteilen auf Tuchfühlung. Er schrieb darüber:

„Ich konnte mich nach all dem, was die Jäger in den vorausgegangenen Kämpfen unter erschwerten Bedingungen eines Gebirgskrieges geleistet hatten, von ihrer unverzagten und beharrlichen Haltung überzeugen. [...] Besonders ausgezeichnet hatten sich wiederum die Scharfschützen Hetzenauer, Leopold Meier, der später [...] bei Seibusch in der Slowakei fiel, Josef Roth und Josef Allerberger."

Die 8. Armee bündelte am 24. und 25. Oktober 1944 all ihre Kräfte zum Stoßkeil nach Westen auf Nyíregyháza. Am Abend des 25. Oktober gab Generalmajor Klatt den Angriffsbefehl. Tags darauf ging er in den frühen Morgenstunden selbst zu den Angriffsbataillonen. Den Ablauf der kommenden kriegerischen Ereignisse entnehmen wir nun einer Tagesmeldung der 3. Gebirgsdivision an das IX. Armeekorps vom 26. Oktober 1944:[29]

„1. Südfront (Gruppe Schaßner) wehrte zwei nach starker Feuervorbereitung durch Artillerie, Salvengeschütze und Granatwerfer in etwa Divisionsstärke geführte Angriffe um 09.00 und 14.00 Uhr ab, wobei die feindliche Infanterie durch zusammengefasste Artilleriefeuerschläge schwere Verluste hatte und drei Panzer abgeschossen wurden. Seit den Mittagsstunden verteidigt sich dieser Abschnitt auch gegen versprengte Feindkolonnen verschiedener Stärke, die auf breiter Front die Straße Nagykálló – Újfehértó erreicht haben und nach Süden und Südosten durchzubrechen versuchen.

Am Westrande von Nagykálló wurde eine Abwehrfront mit schweren Waffen aufgebaut und das II. Bataillon/Gebirgsjägerregiment 91 in den Raum westlich Nagykálló angesetzt. Die Panzerhetzerkompanie 1015 wurde der Gruppe Schaßner zugeführt.

2. Mit Gebirgsjägerregiment 144 und 138 ohne I. Bataillon wurde um 06.00 Uhr antretend der Angriff nach Nordwesten fortgesetzt. Zunächst gelang es, den mit Masse V. Kavalleriekorps gegenüberstehenden Feind durch den fast ohne Feuer geführten Stoß der eng zusammengehaltenen Angriffsbataillone vollständig zu überraschen und zu überlaufen und relativ leicht den Westrand des großen Waldstücks zu erreichen, wobei der Feind in panikartiger Flucht seine gesamten schweren Waffen und das Nachrichtennetz liegen ließ. Kurz nach Erreichen des westlichen Waldrandes stieß der eigene Angriff mit dem in dichten Kolonnen aus Nyíregyháza nach Südosten

vorstoßenden Feind zusammen. Während Feindteile nach Süden abbogen, baute der Feind eine besonders an Pak, sonstigen schweren Infanteriewaffen und Panzern starke Abwehrfront vor eigener Angriffsgruppe auf.

Gegenüber diesem starken Feind kam der eigene Angriff in den Mittagsstunden besonders dadurch zum Stocken, dass die eigenen Sturmgeschütze angesichts der feindlichen Pakfront für die weitere Angriffsunterstützung zunächst ausfielen. Nach Heranziehen und Aufbau aller schweren Waffen und Teilen der Artillerie wurde der Angriff gegen 14.00 Uhr fortgesetzt und um 16.30 Uhr in zähen, erbitterten und beiderseits verlustreichen Kämpfen mit Mitte der Angriffsgruppe Szakut erreicht und Verbindung mit Teilen der 23. Panzerdivision hergestellt. Die hohen Feindverluste und die große Anzahl der erbeuteten schweren Waffen, Fahrzeuge und Pferde sind zahlenmäßig noch nicht feststellbar. Unter anderem sind sechs Panzer vernichtet worden.

3. Beim Durchkämmen des Kampfgebiets wurden an mehreren Stellen verstümmelte Zivilisten und geschändete Frauen aufgefunden. Nachstehend meldet die Division einige besonders schwerwiegende Einzelfälle:

‚Gebirgsjäger des I.Bataillons/Gebirgsjägerregiment 144 (Kloß) stießen bei der Säuberung eines Weingartens im Raume Ardany Erdö am 25. Oktober 1944 auf einen völlig verzweifelten Ungarn, der vor einem Erdbunker hockte. Als die Soldaten in den Erdbunker schauten, sahen sie dort die Leiche der ermordeten hochschwangeren Ehefrau des Ungarn. Hals und Leib waren aufgeschnitten. Das ungeborene Kind war geköpft. In Napkor wurde eine Frau von zwanzig Rotarmisten, in Csukor ein siebzehnjähriges Mädchen von dreizehn Rotarmisten hintereinander geschändet. In Nyíregyháza starb die Ehefrau eines Gastwirts, nachdem sie achtzehn Mal geschändet worden war. In Nagykálló feuerten russische Panzer beim Eindringen in die Ortschaft auf die flüchtende Zivilbevölkerung. Deutsche Gefangene wurden hier gequält und erschossen.

3. [sic!] Ausgeschieden: Regimentsgruppe Schaßner mit I. und III. Bataillon/ Gebirgsjägerregiment 91, Aufklärungsabteilung der 8. SS-Kavalleriedivision, I. Bataillon/Gebirgsjägerregiment 138, IV. Abteilung/Gebirgsartillerieregiment 94‘

gez. v. Eimannsberger“

Nun folgten für den Scharfschützen Matthäus Hetzenauer und seine Kameraden die Abwehrkämpfe westlich der Theiß und bei Miskolc, die vom 1. November bis zum 3. Dezember 1944 andauerten. Bis der weitere Rückmarsch auf die Theißfront angetreten werden konnte, verblieb der Divisionsstab mit Truppenteilen der „Dritten“ noch zwei Tage in Nyíregyháza.

In der Nacht zum 1. November wurde die Theiß überschritten. Das Wetter verschlechterte sich aufgrund der fortgeschrittenen Jahreszeit zusehends. Zuerst fiel Regen, dann Schnee. Die Temperaturen sanken auf minus zehn Grad. Immer mehr

Offiziere, Unteroffiziere und Mannschaften wurden in diesen Abwehrkämpfen getötet.

Am 5. November 1944 wurde ergänzend zum Wehrmachtsbericht gemeldet: „Im ostungarischen Raum hat die ostmärkische 3. Gebirgsdivision unter Führung von Generalmajor Klatt einen großangelegten Umfassungsversuch des Feindes zunichtegemacht und sich durch vorbildliche Tapferkeit ausgezeichnet (Schlacht bei Nyíregyháza)."[30]

Miskolc musste am 3. Dezember aufgegeben werden, bevor die schwachen deutschen Sicherungstruppen von der Roten Armee im Norden und Westen umgangen wurden. Über den Fortgang der Rückzugsgefechte der 3. Gebirgsdivision bis zum Ausgangspunkt ihres Schicksalsweges im Zweiten Weltkrieg schrieb General Paul Klatt:[31]

„Ich selbst hatte vorübergehend das XXIX. A[rmeekorps] führen müssen und konnte dabei mehr aus der Ferne den Donner des Artilleriekampfes hören.

Mein Ehrgeiz drängte sich nicht nach der Führung höherer Verbände, ich wollte lieber bei der Division bleiben, mit der mich mehr verband. Etwa acht russische Divisionen griffen beiderseits des Sajó an, und bei unseren verminderten Kampfstärken gelang es nicht immer, die tiefen Einbrüche zu verwehren. Nur mit Müh' und Not konnten wir Lücken dürftig schließen. Ein entscheidender Durchbruch rechts von der Division wies auf Großsteffelsdorf. Ich war damals gerade beim Nachbarn, dessen schwache Sicherungen, ein Turkmenenbataillon, ihre Stellungen räumten. Diese Ereignisse gingen Mitte Dezember vor sich, und ich möchte nicht vergessen zu erwähnen, dass damals bei Putnok ein Gebirgsjäger, den die Russen gefangen genommen hatten, mit einem an den K[ommandeur] der 8. J[ägerdivision] und mich gerichteten Brief des in Gefangenschaft geratenen Major Ott, K[ommandeur] des Bataillons, das bei Miskolc im Bükkgebirge aufgerieben war, geschickt wurde. Der Brief war geschickt abgefasst und sollte uns von der Aussichtslosigkeit des Weiterkämpfens überzeugen. Ich habe Major Ott noch einmal nach der Kapitulation in einem Gefangenenlager Modra bei Preßburg mit schwarz-weiß-roter Armbinde des Nationalkomitees ‚Freies Deutschland' getroffen, und wiederum versuchte er auf mich im Auftrag der Sowjets einzuwirken. Dies ist nur ein Streiflicht auf die propagandistische Seite des Krieges, die die Sowjets mit allen Mitteln, durch Lautsprecher, Flugblätter und sogenannten Über- bzw. Rückläufer in kritischen, für sie erfolgreichen Lagen anwandten.

Auf den sich zwischen Balog und Sajó hinziehenden Höhenrücken war es vorübergehend zum Aufbau einer neuen Front gekommen. Trotzdem blieb die Lage gespannt. Schwere Angriffe wurden vom 10. – 25. Dezember abgewiesen und führten wiederholt zu Nahkämpfen, selbst in den Batteriestellungen. Unsere Gedanken weilten in jenen schicksalsschweren Tagen nicht nur in der Heimat bei unseren Angehörigen, sondern auch im Westen. Dort waren am 16. Dezember starke Panzerkräfte zum Angriff gegen Amerikaner und Engländer angetreten. Schon winkten große Erfolge, als letzten Endes diese Offensive nach guten Anfangserfolgen wegen Betriebsstoffmangel zum Erliegen kam. Manch einer hegte die kindliche Hoffnung, dass es noch gelingen könnte, eine gemeinsame Front mit den westlichen Gegnern gegen den zu erwartenden Vorstoß in das Herz Europas herzustellen. Verzweifelt stand die Lage bei Budapest, dessen Einschließung am Weihnachtsabend vollzogen wurde.

Das Gelände, in dem wir kämpften, war bergig und waldreich, es entsprach unserer Kampfweise, dem hinhaltenden Widerstand, den wir beherrschten. Das soll jedoch nicht heißen, dass wir ganz darauf eingestellt waren und unsere Stellung nicht behaupten wollten. Dafür gaben zahlreiche Angriffshandlungen und Gegenstöße Zeugnis. Am Neujahrstage gelang ein solches eigenes Unternehmen unter Führung des Major Denk, Kdr. I./138 [Kommandeur I. Bataillon/Gebirgsjägerregiment 138], bei Alsó-Kálosa restlos, das im Heeresbericht vom 2. Januar 1945 erwähnt wurde. Die noch vorhandenen Tagesmeldungen der D[ivision] an das Korps vom 1. Januar 1945 und von einem weiteren Unternehmen sowie Partisanenbekämpfung vom 3. Januar 1945 geben die Einzelheiten wieder."

Die dann folgenden Kämpfe in der Slowakei musste der am 15. Januar 1945 zum Generalleutnant beförderte Paul Klatt mit seiner 3. Gebirgsdivision gegen einige sowjetische Elitedivisionen und gleichzeitig auch gegen Partisanen austragen. Die Kämpfe im Grantal dauerten bis zum 9. Februar 1945. Von dort ging es dann in das Waagtal.

Hetzenauers Divisionskommandeur fuhr über den Gefechtsstand des XXXXIX. Gebirgsarmeekorps, das westlich von Rosenberg lag, in den neuen Einsatzraum voraus. Beim Kommandierenden General Karl von Le Suire wurde er in den neuen Einsatzraum eingewiesen. Dann erreichte er die Stelle, an der er zu Beginn des Polenfeldzuges im Herbst 1939 mit seinem ehemaligem Gebirgspionierbataillon 83 gelegen hatte. Hier war er mit der 3. Gebirgsdivision des Generals Eduard Dietl zum ersten Male zu einem Gefecht angetreten – und hier würde wohl auch der letzte Kampf mit seinen Gebirgsjägern und Scharfschützen stattfinden.

Auf dem Kasernenhof in Rosenberg begrüßte er dann das im Rahmen der sogenannten „Gneisenauwelle" neu eingetroffene Gebirgsjägerregiment und gliederte es in die 3. Gebirgsdivision ein. Die am 11. Februar einsetzenden Feindangriffe konnten drei Tage lang abgewiesen werden. Am 14. Februar wurde die „Dritte" abermals im Wehrmachtsbericht erwähnt als es hieß:

„In der Slowakei wurden stärkere feindliche Angriffe in harten Gebirgskämpfen abgewiesen, einige Einbrüche abgeriegelt. Die 3. Gebirgsdivision errang dabei einen besonderen Abwehrerfolg."[32]

Wenige Tage später erfuhr Generalleutnant Klatt, dass die 3. Gebirgsdivision abgelöst werden sollte. Ab 18. Februar ging es dann in der Tat in beschwerlichen Märschen über den tiefverschneiten Jablunkapass in die Westbeskiden und in das obere Tal der Weichsel und nach Bielitz.

Vom 10. März 1945 an stand Matthäus Hetzenauer mit der 3. Gebirgsdivision immer wieder im harten Kampfeinsatz. Besonders die Sturmgeschütze unter Oberleutnant Holzinger griffen wieder und wieder erfolgreich ein. Der Ritterkreuzträger verstand es, seine wenigen Sturmgeschütze taktisch sehr geschickt einzusetzen. Am 21. März stand im „Bozner Tagblatt" zu lesen:

„Mit einer Feuerunterstützung von über 5.000 Schuss versuchten starke Sowjetkräfte beiderseits einer wichtigen Talstraße nach Westen durchzubrechen.

In harten Gebirgskämpfen wurde dieser Plan des Feindes zunichtegemacht. Mehrere Einbrüche wurden abgeriegelt. Am Abend war die Hauptkampflinie in allen Teilen wieder in eigener Hand. Ein im feindlichen Angriffsschwerpunkt stehendes alpenländisches Gebirgsjägerregiment fügte den Sowjets besonders schwere Verluste zu. Der Feind verlor in wenigen Stunden mehrere hundert Tote. Oft auf sich allein gestellt, erwies sich der deutsche Gebirgsjäger in diesen Kämpfen erneut als fanatischer Einzelkämpfer."

Von allen elf Gebirgsdivisionen der Wehrmacht – und zwar von der 1. bis zur 10. sowie der 188. Gebirgsdivision – war die „Dritte" diejenige, die während des Zweiten Weltkrieges am härtesten getroffen wurde. Nach all den verlustreichen Rückzugsgefechten hörte Generalleutnant Paul Klatt mit seinen Gebirgsjägern und Scharfschützen Hitlers Tagesbefehl, den dieser am Nachmittag des 15. April 1945 mit seinem Propagandaminister Joseph Goebbels aufgesetzt hatte:

„Soldaten der deutschen Ostfront!
Zum letzten Male ist der jüdisch-bolschewistische Todfeind mit seinen Massen zum Angriff angetreten. Er versucht, Deutschland zu zertrümmern und unser Volk auszurotten. Ihr Soldaten aus dem Osten wisst zu einem hohen Teil bereits selbst, welches Schicksal vor allem den deutschen Frauen und Kindern droht. Während die Alten, Männer und Kinder ermordet werden, werden Frauen und Mädchen zu Kasernenhuren erniedrigt. Der Rest marschiert nach Sibirien.

Wir haben diesen Stoß vorausgesehen, und seit dem Januar dieses Jahres ist alles geschehen, um eine starke Front aufzubauen. Eine gewaltige Artillerie empfängt den Feind. Die Ausfälle unserer Infanterie sind durch zahllose neue Einheiten ergänzt. Alarmeinheiten, Neuaufstellungen und Volkssturm verstärken unsere Front. Der Bolschewist wird dieses Mal das alte Schicksal Asiens erleben, das heißt, er wird und muss vor der Hauptstadt des Deutschen Reiches verbluten.

Wer in diesem Augenblick seine Pflicht nicht erfüllt, handelt als Verräter an unserem Volk. Das Regiment oder die Divisionen, die ihren Platz verlassen, benehmen

Tiroler Volksblatt

Ausgabe dreimal wöchentlich. Einzelpreis: Montag, Mittwoch und Freitag je 10 Rpf. Bezugspreis vierteljährl. (im vorhinein zahlbar): a) abgeholt RM 3.45; b) Postbezug RM 3.72 (einschließl. 27 Rpf. Postgebühr); im Altreich zuzügl. 54 Rpf. Zustellgeld.

früher: Tiroler Grenzbote

Verleger: Adolf Lippott; Hauptschriftleiter: Josef Heitzinger für Dr. Josef Blattl (im Felde); für Anzeigen: Ludwig König; Druck: Ed. Lippott; alle Kufstein. Postsparkasse München 48386. Fernruf 33. RPK. I/844. Preisliste 3. Bei höherer Gewalt kein Ersatzanspruch.

Mit amtlichen Verlautbarungen des Landrates, des Bürgermeisters der Stadt Kufstein u. der übrigen Behörden

Folge 23 / 75. Jahrgang. Kufstein, Freitag, 23. Februar 1945 Ausgabe dreimal wöchentlich / 15 Rpf.

Vernichtender Schlag gegen feindlichen Geleitzug: 2 Kreuzer, 2 Zerstörer und 8 Schiffe mit 57 000 BRT. versenkt

Sowjetischer Großangriff bei Libau aufgefangen

Schwere Verluste der Bolschewisten – Weiterhin erbitterte Kämpfe im Westen – In Mittelitalien örtliche Kampfhandlungen – Bei Terrorangriffen in 2 Tagen 190 meist viermotorige Bomber abgeschossen

Führerhauptquartier, 21. Februar.

Das Oberkommando der Wehrmacht gibt bekannt:

Nordwestlich Gran sind erbitterte Kämpfe um den Restteil des feindlichen Brückenkopfes im Gange. Versuche der Sowjets, bei Schwarzwasser und nördlich Ratibor in unsere Front einzubrechen, scheiterten. Ebenso zerbrachen ihre Angriffe südlich Breslau am zähen Widerstand unserer Truppen. Der Hauptdruck des Feindes in Niederschlesien lag im Raum von Lauban und Guben, wo die vergeblichen Versuche, unsere Front zu durchstoßen, die Sowjets schwere Verluste an Menschen und Panzern kosteten. An der Oder zwischen Fürstenberg und dem Oderbruch lebte gestern die Kampftätigkeit auf. Feindliche Aufklärungsvorstöße wurden abgewiesen. Zwischen Pyritz und Arnswalde scheiterten von Panzern unterstützte Einzelangriffe der Bolschewisten. In der Tucheler Heide und westlich der Weichsel wird um jeden Fußbreit Boden gekämpft. Die Verteidiger von Posen leisten im Kernwerk weiter verbissenen Widerstand. Angriffe der Sowjets gegen die Festung Graudenz wurden zurückgeschlagen. Der Kampf um Ostpreußen dauert bei starkem Artillerie- und Schlachtfliegereinsatz in den bisherigen Schwerpunkten an. Unsere durch Seestreitkräfte unterstützten Angriffe im südlichen Samland brachten weitere Erfolge. Südöstlich Libau traten die Bolschewisten auf breiter Front zum Großangriff an. Ihr Durchbruchsversuch nach Libau wurde im Hauptkampffeld aufgefangen. Die Sowjets verloren gestern an der Ostfront 152 Panzer und 81 Flugzeuge.

Wie schon am 20. Februar bekanntgegeben, stießen Torpedofliegerverbände unter Führung von Oberstleutnant Stemmler bei stürmischem Seegang und schwierigen Wetterbedingungen überraschend

Führerhauptquartier, 22. Februar.

Aus Ungarn und der Slowakei werden eigene erfolgreiche Angriffe gegen den Restteil des feindlichen Gran-Brückenkopfes und die Abwehr schwächerer sowjetischer Vorstöße an den Gebirgsstraßen südöstlich Altsohl gemeldet. Nach dem Scheitern der feindlichen Durchbruchsversuche bei Schwarzwasser und nördlich Ratibor führte der Gegner in diesem Kampfraum gestern nur örtliche erfolglose Angriffe. Unsere Truppen festigten durch Gegenstöße ihre Stellungen. Die Brennpunkte des Kampfes in Niederschlesien liegen weiter im Raum von Zobten, südlich Breslau und im Abschnitt Lauban—Guben. Den hier mit starken Kräften zum Durchbruch auf Görlitz und über den Neiße-Abschnitt bei Guben ansetzenden Bolschewisten blieben Erfolge versagt. Der Feind erlitt hohe Verluste. In einigen Abschnitten gewannen unsere Truppen im Gegenangriff vorübergehend verlorenes Gelände zurück. Zwischen Heiderode in Westpreußen und Mewe an der Weichsel hielt der sowjetische Druck unvermindert an. Alle Angriffe blieben nach geringen Anfangserfolgen vor unserer zähen Abwehr liegen. Die Besatzungen von Posen und Graudenz leisten dem Feind unverändert hartnäckigen Widerstand. Der Ansturm der Bolschewisten gegen Ostpreußen hat an Stärke zugenommen. In erbittertem Ringen haben unsere Truppen bis auf geringfügige Einbrüche ihre Stellungen behauptet und dabei 86 feindliche Panzer und Sturmgeschütze sowie 107 Geschütze vernichtet. Unsere Kurlandkämpfer zerschlugen, von Flakartillerie und fliegenden Verbänden der Luftwaffe wirksam unterstützt, feindliche Durchbruchsversuche südöstlich Libau und nordwestlich Doblen. Der Gegner verlor hier in den beiden letzten Tagen 141 Panzer und 63 Flugzeuge.

Zerstörungen, wobei wertvolle Instrumente, Sammlungen und Forschungsergebnisse den Spreng- und Brandbomben zum Opfer fielen. Auch das weithin mit dem Roten Kreuz gekennzeichnete Allgemeine Krankenhaus sowie eine Reihe der ältesten Kulturstätten sind schwer getroffen. Unweit der berühmten Karlskirche erlitt der aus der Jahrhundertwende stammende Ausstellungsbau der Sezession schwere Beschädigungen, genau so wie die an der Ringstraße etwas zurückgebaute Wiener Kunstakademie und das Haus der Technik.

Die lügenhafte Agitation Eisenhowers hat ihre Bestätigung gefunden. Damit ist neuerlich der Beweis erbracht, daß die Luftangriffe der Anglo-Amerikaner darauf ausgehen, die Tradition Europas zu unterwühlen, daß sie sich zu Handlangern der Roten Flut aus dem Osten machen.

Das ist Deutschland!

Es war einem 17jährigen deutschen Mädchen, der BDM.-Führerin Maria Schulz, vorbehalten, das Bekenntnis Deutschlands und seiner Jugend in das stolze Wort zusammenzufassen: „Deutschland wird alles Leid ertragen und eine neue Welt schaffen". Der englische Korrespondent, der gezwungen war, über dieses Zeugnis des „prachtvollen Geistes" der deutschen Jugend zu berichten, gestand seine Fassungslosigkeit über diese Haltung der deutschen Jugend, von der er den Eindruck hat, daß sie bereit sei, unnachgiebig bis zum Aeußersten zu arbeiten und zu kämpfen, was auch immer geschehe.

Das ist der Wille, die Haltung, der Entschluß und der Schwur nicht nur der deutschen Jugend, sondern des deutschen Volkes überhaupt. Was die junge Maria Schulz als ihr Bekenntnis ausgesprochen hat, das ist das Bekenntnis, der inbrünstige Glaube und die unzerbrechbare Hoffnung der gesamten deutschen Nation. Deutschland wird in der Tat, das beweist es mit jedem Tage neu, alles Leid ertragen. Die Fähigkeit aber, diese ungeheuerliche Prüfung des Schicksals durchzustehen, gibt ihm auch die Berechtigung zu der Zuversicht, daß es ihm gelingen wird, in der Tat eine neue Welt zu schaffen.

Die Titelseite des Tiroler Volksblattes vom 23. Februar 1945.

23. Februar 1945 „Tiroler Volksblatt“

Aus Stadt und Land

Für Deutschland gefallen

Im Kampf um Deutschlands Freiheit starben in treuer Pflichterfüllung den Heldentod:

Kufstein: Leutnant und Kompanieführer Pg. Walter Wiendl Inhaber des Eisernen Kreuzes 2. Klasse, 21 Jahre alt, im Osten.

Kirchbichl: Gefreiter Georg Wiedmann, Reichsbahnangestellter, im Nordabschnitt der Ostfront.

Kramsach: Gefreiter in einem Gebirgsjäger-Regiment Alois Hirzinger, Inhaber des Eisernen Kreuzes 2. Klasse, 20 Jahre alt, im Westen. — Gebirgsjäger Anton Horngacher, Bauer beim Hansiger, 37 Jahre alt, in Ungarn.

Wildschönau: Oberjäger Michael Schoner, Inhaber des Eisernen Kreuzes 2. Klasse, Teilnehmer an den Feldzügen in Norwegen, Finnland und im Westen, 27 Jahre alt, im Westen.

Ihr Opfertod ist uns Verpflichtung zu höchstem Einsatz!

Ein Scharfschütze

NSG. „Mehrere Scharfschützen, darunter der Gefreite Hetzenauer in einem steierischen Gebirgsjäger-Regiment mit 92 Abschüssen, zeichneten sich durch besondere gute Schußleistungen aus.“ Diese Ergänzung zu einem Wehrmachtbericht vom November v. J. verbirgt hinter der Nennung einer Zahl ein Beträchtliches an Geschick, Tapferkeit und Ueberlegenheit, die in keinem Verhältnis zu der sachlichen Nüchternheit ihrer Satzgebung stehen. Die Eisernen Kreuze beider Klassen, das Anerkennungsschreiben mit einem Bild seines Divisionskommandeurs, die Scharfschützenurkunde mit einer Belobung durch den Armeeführer — das alles unterstreicht die hervorragende Leistung dieses Scharfschützen, der nun bald — es ist inzwischen draußen schon dämmrig geworden — von seinem täglichen „Jagdgang“ im Gefechtsstand zurückerwartet wird.

Hetzenauer, knapp 10 Monate Soldat, eröffnete einen Tag nach seiner Rückkehr vom Heimaturlaub — er stammt aus einem der einsamen Bergbauernhöfe bei Brixen im Tale im Kreise Kitzbühel — das neue Jahr mit drei weiteren Abschüssen. Inzwischen hat er die Zahl auf 119 erhöht, und das in einer Gesamtzeit von kaum 5 Monaten. Dies bedeutet — einen Monat Marschbewegungen und einen weiteren des Urlaubs abgerechnet — im Durchschnitt jeden Tag mindestens einen abgeschossenen und für den Feind ausgefallenen Bolschewisten.“

„Gefreiter Hetzenauer heute drei Bolschewisten außer Verpflegung gesetzt!“ Mit dieser ihm geläufigsten humoristischen Formulierung meldet sich der Gefreite bei seinem Kompaniechef im Gefechtsstand zurück und hat damit heute seine Gesamtabschußzahl auf 122 gesteigert. Diese Art der Meldung ist bezeichnend für den kaum zwanzigjährigen, schlanken und hochgewachsenen Tiroler Jäger, hinter dessen bescheidener Wesensart und überlegener Ruhe Blick und Haltung unschwer den geborenen Scharfschützen erkennen lassen. Der Aufforderung, etwas Ausführliches, irgendwelche besonderen Erlebnisse aus seinen verschiedenen Einsätzen zu schildern, kommt H. nur zögernd nach, seine eigenen Erfolge scheinen ihm zu selbstverständlich, um sie noch besonders zu erwähnen. Nur ein kleines Erlebnis weiß er zu berichten, und auch dieses wahrscheinlich nur deshalb, weil er damals — in den schweren Kämpfen um Miscolc — es mit zwei Feinden „vom Fach“ zu tun hatte, zwei bolschewistischen Scharfschützen, die er erst nach längerem, wechselreichem Feuergefecht dann schließlich doch noch „außer Verpflegung setzen“ konnte. Von der Mühe und Ausdauer, die es oftmals erforderlich machen, Stunde um Stunde in jeder Witterung, mitunter tagelang vergeblich vor einem gut getarnten Gegner zu liegen, ohne zum Schuß zu kommen — davon erwähnt H. nichts. Während der Unterhaltung widmet er seine ganze Aufmerksamkeit seinem ihm zu einem Begriff höchster Kostbarkeit gewordenen Scharfschützengewehr.

Einmal, als Hetzenauer für kurze Zeit den Gefechtsstand verließ, berichtete sein Kompaniechef von einem gelungenen Abschuß der letzten Tage: Hetzenauer habe mit einem zweiten Scharfschützen vor einem sowjetischen MG. gelegen, neben dem sich zwei Bolschewisten eben ihre Zigaretten anzündeten. Darauf hätte H. zu seinem Kameraden gesagt: „So freche Hunde! Die lassen wir die halbe Zigarette noch rauchen, aber dann schnakelt's!“ Auf ein verabredetes Zeichen hin „schnakelte“ es dann auch wirklich, für die beiden Bolschewisten wurde es die letzte Zigarette!

Wenn im Wehrmachtbericht und in der Tagespresse gelegentlich auch der stolzenkämpferischen Leistungen und Erfolge der großdeutschen Gebirgsdivisionen Erwähnung getan wird, dann haben — gerade im gebirgsmäßigen Einsatz — einen erheblichen Anteil daran die Scharfschützen, die täglich in verbissener, beharrlicher Zähigkeit Abschuß auf Abschuß erzielen.

Soldatentod. Gefreiter Josef Götsch aus Kufstein ist an den Folgen einer in Finnland erworbenen Krankheit im Alter von 22 Jahren gestorben. — Gebirgsjäger Wilhelm Schwaiger aus Kufstein ist im Alter von 18 Jahren einem tragischen Unglücksfall erlegen.

Altersjubiläen. Am 16. Februar vollendete Frau Barbara Haberstroh, Endach 4, ihr 82. Lebensjahr. Sie stammt aus Oberhausen, kam 1896 nach Kufstein und ist die Witwe eines Maurers, dem sie zwei Töchter schenkte. Frau Haberstroh ist noch immer rüstig und nimmt am Zeitgeschehen regen Anteil. — Am 26. Februar vollenden Herr Johann Gaisbacher, Thierberg, das 82. und Frau Juliane Neuner, Kienbergstraße 5, das 79. Lebensjahr. Volksgenosse Gaisbacher war viele Jahre Triftmeister der Stadt Kufstein und hat bis ins hohe Alter hinein immer fleißig gearbeitet. Frau Neuner wohnt seit 1912 in Kufstein. Sie ist noch immer fleißig bei der Arbeit, spinnt Wolle und strickt daraus Socken und Handschuhe für ihre Enkel an der Front. Sie ist Mutter eines Sohnes und einer Tochter. — Allen Jubilaren die besten Glückwünsche!

Einkaufshilfe für Berufstätige. Eine praktische Hilfe für Berufstätige wurde in einer Stadt des Altreichs geschaffen, die wir zur Nachahmung empfehlen möchten. In allen Lebensmittelgeschäften wurden „Bestellkästen für berufstätige Frauen“ angebracht, damit den Frauen, die neben der Arbeit noch ihren Haushalt versehen müssen, das lange Anstehen erspart bleibt. Sie stecken auf dem Wege zur Arbeit ihre „Wunschzettel“ in den Bestellkasten, und der Kaufmann macht im Laufe des Tages alles zurecht, so daß die Frauen ihre Ware auf dem Nachhausewege ohne langes Warten in Empfang nehmen können. Mit dieser Einrichtung wird dem Kaufmann auch die gerechte Verteilung der Mangelware erleichtert.

Angath. Todesfall. Am 20. Februar starb im Alter von 73 Jahren Frau Katharina Weiskopf geborene Ehrenstraßer. Sie war die Ehefrau des Tischlermeisters Karl Weiskopf. Sie hinterläßt vier Söhne und zwei Töchter.

Brandenberg. Wir müssen und werden siegen. Die Partei rief die Volksgenossen zu einer öffentlichen Versammlung, in der nach Eröffnung durch Ortsgruppenleiter Pg. Schatz Reichsredner SA.-Obersturmführer Pg. Krucher sprach. Er hob den unzählige Male bekundeten und bewiesenen Friedenswillen des Führers und des deutschen Volkes hervor, im Gegensatz zum internationalen Judentum mit seinem Bestreben, das deutsche Volk mit allen Mitteln zu vernichten. Mit gespannter Aufmerksamkeit folgten die Versammelten den eindringlichen Worten des Redners, als er darauf hinwies, daß wir jetzt auf dem Höhepunkt des Kampfes stünden, daß der Gegner nun alles daransetze, um mit der Niederlage Deutschlands nicht nur jedem einzelnen von uns Verderben und Untergang, sondern auch der ganzen kultivierten und gesitteten Welt Vernichtung zu bereiten, daß wir siegen müssen, damit nicht alle schon gebrachten Opfer umsonst wären, und daß wir siegen werden, wenn jeder im Vertrauen auf den Führer sein Bestes leistet.

Kössen. Todesfall. Die Bäuerin zu Kleinschmied, Frau Marie Salvenmoser, ist am 19. Februar im Alter von 83 Jahren gestorben. Sie hinterläßt mit ihrem Ehemann drei Söhne und zwei Töchter.

Westendorf. Auszeichnung. Gefreiter Kaspar Aschaber wurde für besondere Tapferkeit vor dem Feinde in Ungarn mit dem Eisernen Kreuz 2. Klasse ausgezeichnet. Er ist Bauer zu Eckart. (o)

Westendorf. Hochzeit. Geheiratet haben der Bauer zu Darenasten in der Windau Johann Zaß und die Bauerntochter zu Vordergetzen Katharina Hölzl. (o)

Standesamtliche Meldungen

Kufstein. Geboren wurden den Ehepaaren Anna und Josef Schmidbauer, Römerhofgasse 6, als 1. Kind ein Mädel Christine; Anna und Peter Blaickner, Breitenbach, Kleinsöll 2, als 12. Kind ein Junge Siegfried; Marie und Josef Weiß, Karl-Kraft-Straße 3, als 3. Kind ein Mädel Helga. Gestorben sind: Juliana Probst geborene Stempfer, Platz der SA., 61 Jahre; Veronika Fasser geborene Danzl, Kundl, Bahnhofstraße 185, 71 Jahre; Rudolf Neubacher, Innsbruck, 2 Jahre; Marie Wiedner geborene Hamberger, Innsbruck, 76 Jahre; Minna Mühlbauer geborene Hill, Degerndorf, 47 Jahre. (g)

Alpbach. Gestorben ist im Alter von 66 Jahren der Bauer Thomas Moser zu Unterblaicken 70.

Ebbs. Geboren wurde als 3. Kind der Familie Josef Beikircher, zu Dorf 45. (g)

Rattenberg. Geboren wurde als 3. Kind der Familie Marie Ascher, Inngasse 54. Gestorben sind Anna Payerl geborene Goldhammer, Bienerstraße 84, im Alter von 70 Jahren, sowie Lorenz Bliem, Bienerstraße 85, im Alter von 76 Jahren.

Reith bei Brixlegg. Im Jänner 1945 wurden geboren Inge Bilgeri als 3. Kind, sowie Adolf Mühlegger als 1. Kind.

Söll. Gestorben sind Anna Horngacher, Bromberg 40, 77 Jahre alt; Josef Maier, Stockach 65, 40 Jahre alt; Georg Sojer, Stockach 33, 64 Jahre alt.

Unter der Überschrift „Ein Scharfschütze“ wird im Tiroler Volksblatt vom 23. Februar 1945 auch von den Erfolgen Matthäus Hetzenauers berichtet.

sich so schimpflich, dass sie sich vor den Frauen und Kindern, die in unseren Städten dem Bombenterror standhalten, werden schämen müssen.

Achtet vor allem auf die verräterischen wenigen Offiziere und Soldaten, die, um ihr eigenes erbärmliches Leben zu sichern, im russischen Solde, vielleicht sogar in deutscher Uniform, gegen uns kämpfen werden. Wer Euch Befehle zum Rückzug gibt, ohne dass Ihr ihn genau kennt, ist sofort festzunehmen und nötigenfalls augenblicklich umzulegen, ganz gleich, welchen Rang er besitzt.

Wenn in diesen kommenden Tagen und Wochen jeder Soldat an der Ostfront seine Pflicht erfüllt, wird der letzte Ansturm Asiens zerbrechen, genauso, wie am Ende auch der Umbruch unserer Gegner im Westen trotz allem scheitern wird. Berlin bleibt deutsch, Wien wird wieder deutsch, und Europa wird niemals russisch. Bildet eine verschworene Gemeinschaft zur Verteidigung nicht des leeren Begriffs eines Vaterlandes, sondern zur Verteidigung Eurer Heimat, Eurer Frauen, Eurer Kinder und damit unserer Zukunft!

In dieser Stunde blickt das ganze deutsche Volk auf Euch, meine Ostkämpfer, und hofft nur darauf, dass durch Eure Standhaftigkeit, Euren Fanatismus, Eure Waffen und unter Eurer Führung der bolschewistische Ansturm in einem Blutbade erstickt. In dem Augenblick, in dem das Schicksal den größten Kriegsverbrecher aller Zeiten [gemeint ist der amerikanische Präsident Roosevelt, der am 12. April 1945 verstarb] von dieser Erde weggenommen hat, wird sich die Wende des Krieges entscheiden ..."

Matthäus Hetzenauer als Scharfschütze in der 3. Gebirgsdivision.

Ein Gebirgsjäger der 3. Gebirgsdivision nach einem sechswöchigen Einsatz im Südabschnitt der Ostfront.

Generalleutnant Paul Klatt als letzter Kommandeur der 3. Gebirgsdivision.

Gebirgsjäger des Gebirgsjägerregiments 144 der 3. Gebirgsdivison während einer Gefechtspause im Sommer 1944.

Gebirgsjäger der 3. Gebirgsdivision während des Rückzuges in Russland 1944.

Sowjetische Luftlandungen im Südabschnitt der Ostfront 1944.

Sowjetische Infanterie beim Überwinden eines kleinen Flusses.

Ein nicht auf den ersten Blick als deutscher Scharfschütze zu erkennender Soldat beim Stellungswechsel, nachdem ihm zuvor ein abgeschossener russischer T-34 als Deckung diente.

Ein Gebirgsgeschütz in Feuerstellung bei Draceni.

Eine schwere 15-cm-Feldhaubitze der 3. Gebirgsdivision westlich von Suha in den Karpaten im Sommer 1944.

Auf dem Markt von Kischinew in Bessarabien.

Deutscher und rumänischer Soldat bei Verhandlungen mit einem Händler.

Ein Funker-Unteroffizier der Gebirgsjäger in Erwartung des Angriffsbefehls.

Der Scharfschütze Matthäus Hetzenauer als Angehöriger des Gebirgsjägerregiments 144 der 3. Gebirgsdivision.

Hetzenauers Regimentskamerad, der Scharfschütze Josef Allerberger, aus dem Salzburger Land.

Nach dem Bündnissabfall Rumäniens im August 1944 marschiert die 3. Gebirgsdivision im Bistricatal über die Passhöhe nach Borka.

Gebirgsartillerie auf dem Marsch von Nagy-Banja nach Szatmanemeti zur Schlacht von Nyiregyháza im Oktober 1944.

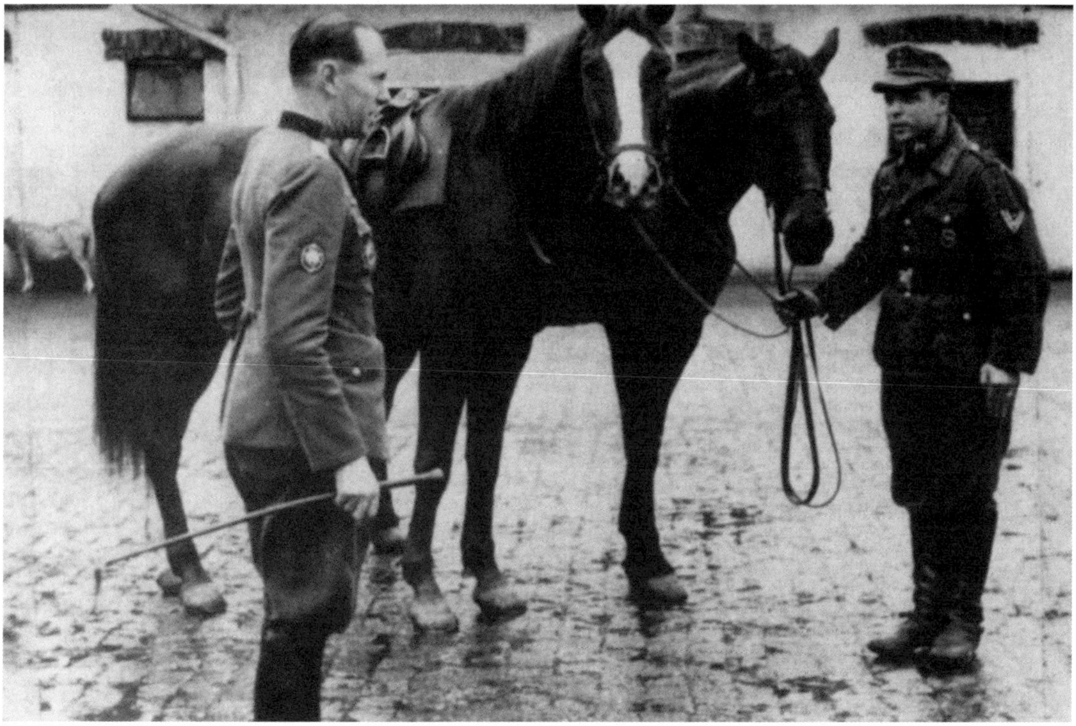

General Paul Klatt mit dem Obergefreiten Goller, der die Pferde zum Ausritt bereithält.

General Klatt (links) mit den Majoren von Aigner und Mansbart im Dezember 1944 in Ungarn.

Der verlustreiche Rückzug der 3. Gebirgsdivision endete im Herbst 1944 kurzzeitig an den Hängen der Karpaten. Oberstleutnant Lorch, ein rumänischer Offizier und General Klatt.

Slowakische Grenzsoldaten im Herbst 1944 in den Karpaten.

Ein Vorkriegsbild. Von rechts: Ferdinand Schörner, Ludwig Schulz, ein unbekannter Offizier und Carl von Le Suire.

Verleihung der Ehrenblattspange am 6. Januar 1945 durch General Klatt (links) an Hauptmann Völkl (rechts).

Hier wurden behelfsmäßige Garagen für die Bespannfahrzeuge geschaffen.

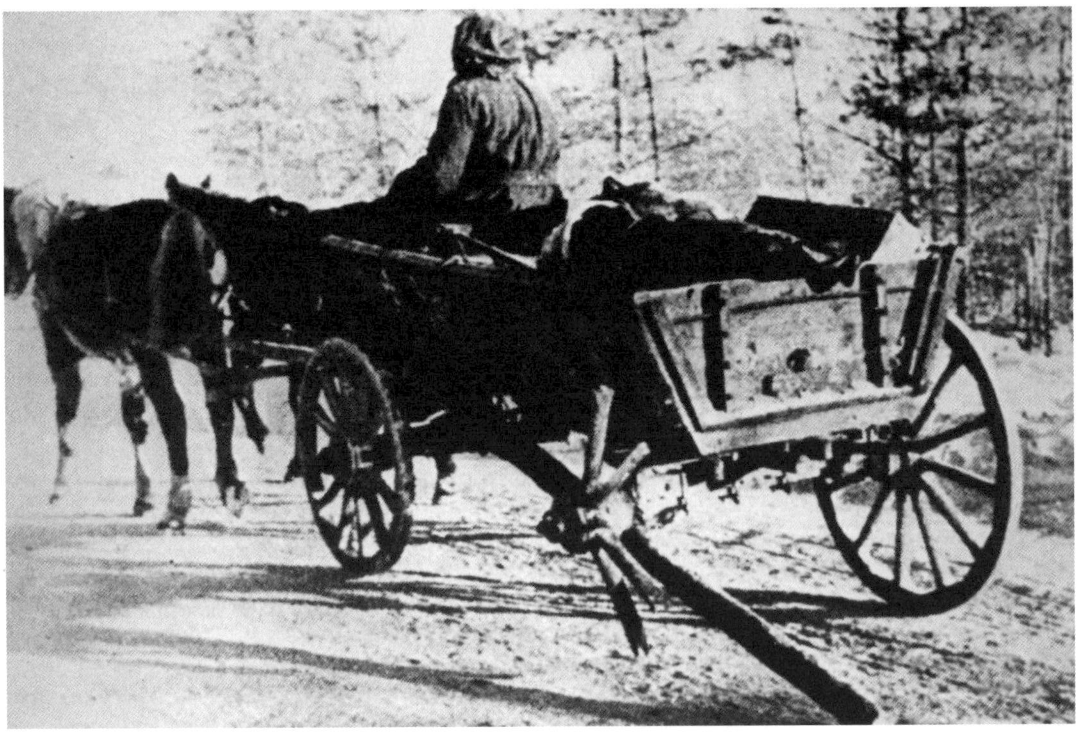

Dem Untergang entgegen: Ein Landser, der sich zu helfen wusste.

Die erfolgreichsten Scharfschützen der Wehrmacht

Einen Tag nach Hitlers Tagesbefehl an die „Soldaten der deutschen Ostfront" wurde der am 11. April 1945 zum Gefreiten der Reserve beförderte Matthäus Hetzenauer am 17. April 1945 als Scharfschütze der 7. Kompanie des Gebirgsjägerregiments 144 mit dem Ritterkreuz des Eisernen Kreuzes ausgezeichnet. Über diesen Vorgang sowie über die Begründung und Stellungnahme der Zwischenvorgesetzten zur Ritterkreuzverleihung an den erfolgreichsten Scharfschützen der Deutschen Wehrmacht liegen uns die auf den folgenden Bildseiten abgebildeten Dokumente vor.

Bei den erfolgreichsten Scharfschützen der Deutschen Wehrmacht wurde jeder Abschuss von mindestens einem Zeugen bestätigt und in das Scharfschützenbuch eingetragen. Bei einem eigenen Angriff wurden bei den deutschen Scharfschützen keine Abschüsse bestätigt. Diese Regelung galt ebenso bei einem Feindangriff. Die Zahl der tatsächlich erreichten Abschüsse ist bei den deutschen Scharfschützen aus diesem Grunde mindestens doppelt so hoch anzusetzen als bei den statistisch erfassten. Zu den erfolgreichsten Scharfschützen zählten auf deutscher Seite während des Zweiten Weltkrieges:

1. Matthäus Hetzenauer vom Gebirgsjägerregiment 144 der 3. Gebirgsdivision mit 345 Abschüssen.
2. Josef Allerberger vom Gebirgsjägerregiment 144 der 3. Gebirgsdivision mit 257 Abschüssen.
3. Bruno Sutkus vom Grenadierregiment 196 der 68. Infanteriedivision mit 209 Abschüssen.
4. Jakob Hechl vom Gebirgsjägerregiment 91 der 4. Gebirgsdivision mit 121 Abschüssen.
5. Helmut Wirnsberger von der 3. Gebirgsdivision mit 64 Abschüssen.

Dem nach Hetzenauer erfolgreichsten Scharfschützen der Wehrmacht hat Albrecht Wacker in seiner biografischen Studie „Im Auge des Jägers. Der Wehrmachts-Scharfschütze Josef Allerberger" ein literarisches Denkmal gesetzt.[33] „Im Blickpunkt dieser Arbeit steht ein sogenannter ‚Scharfschütze' beispielhaft für eine Sorte von Soldaten, die im Spannungsfeld von Bewunderung und Abscheu, von der Kriegsgeschichtsschreibung übersehen und vergessen, Herausragendes leisteten und oft durch ihre Unerschrockenheit und persönliche Tapferkeit vielen ihren Kameraden das Leben retteten, indem sie das Leben des Gegners mit oft erschreckender Präzision vernichteten", schrieb der Autor. „Wie wenige andere Soldaten mussten sie nach dem Krieg

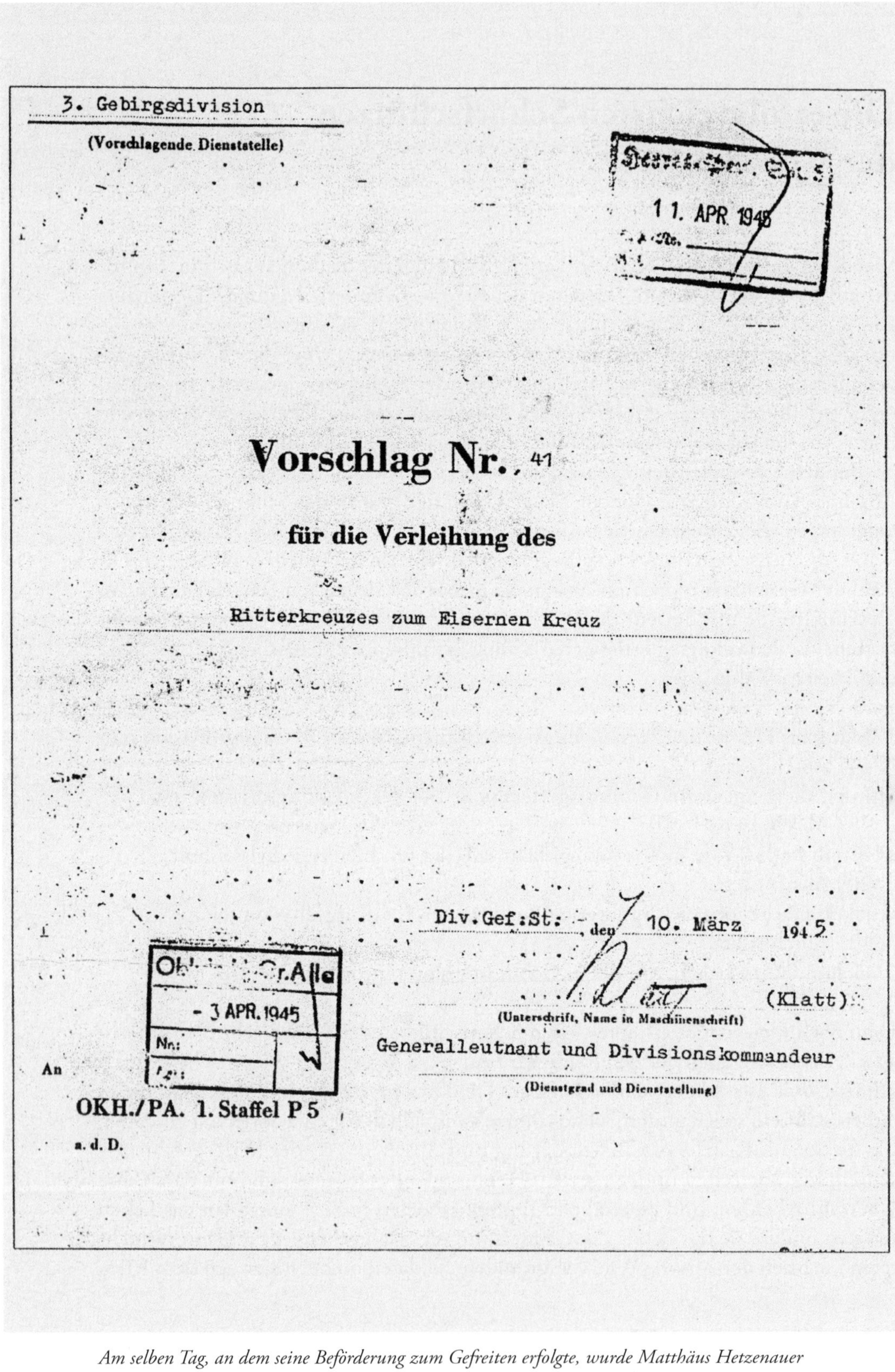

3. Gebirgsdivision

(Vorschlagende Dienststelle)

11. APR. 1945

Vorschlag Nr. 41

für die Verleihung des

Ritterkreuzes zum Eisernen Kreuz

Div.Gef.St., den 10. März 1945

- 3 APR. 1945

(Klatt)

(Unterschrift, Name in Maschinenschrift)

Generalleutnant und Divisionskommandeur

(Dienstgrad und Dienststellung)

An

OKH./PA. 1. Staffel P 5

a. d. D.

Am selben Tag, an dem seine Beförderung zum Gefreiten erfolgte, wurde Matthäus Hetzenauer auch für das Ritterkreuz zum Eisernen Kreuz vorgeschlagen.

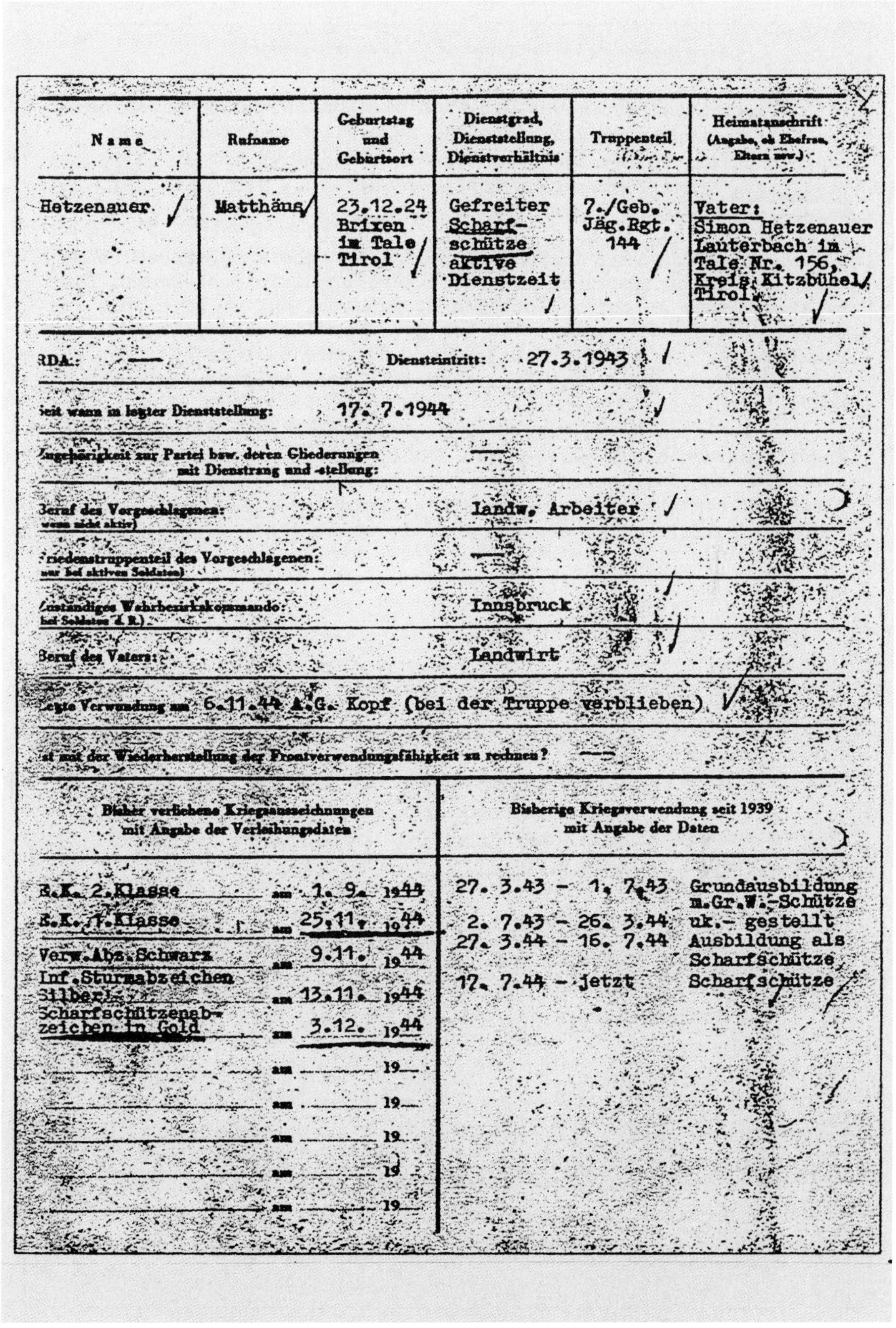

Name	Rufname	Geburtstag und Geburtsort	Dienstgrad, Dienststellung, Dienstverhältnis	Truppenteil	Heimatanschrift (Angabe, ob Ehefrau, Eltern usw.)
Hetzenauer	Matthäus	23.12.24 Brixen im Tale Tirol	Gefreiter Scharf-schütze aktive Dienstzeit	7./Geb. Jäg.Rgt. 144	Vater: Simon Hetzenauer Lauterbach im Tale Nr. 156, Kreis Kitzbühel/ Tirol

RDA.: — Diensteintritt: 27.3.1943

Seit wann in letzter Dienststellung: 17. 7.1944

Zugehörigkeit zur Partei bzw. deren Gliederungen mit Dienstrang und -stellung: —

Beruf des Vorgeschlagenen: (wenn nicht aktiv) landw. Arbeiter

Friedenstruppenteil des Vorgeschlagenen: (nur bei aktiven Soldaten) —

Zuständiges Wehrbezirkskommando: (bei Soldaten d. B.) Innsbruck

Beruf des Vaters: Landwirt

Letzte Verwundung am 6.11.44 A.G. Kopf (bei der Truppe verblieben)

Ist mit der Wiederherstellung der Frontverwendungsfähigkeit zu rechnen? —

Bisher verliehene Kriegsauszeichnungen mit Angabe der Verleihungsdaten	Bisherige Kriegsverwendung seit 1939 mit Angabe der Daten
E.K. 2.Klasse am 1. 9. 1944	27. 3.43 – 1. 7.43 Grundausbildung m.Gr.W.-Schütze
E.K. 1.Klasse am 25.11. 1944	2. 7.43 – 26. 3.44 uk.- gestellt
Verw.Abz.Schwarz am 9.11. 1944	27. 3.44 – 16. 7.44 Ausbildung als Scharfschütze
Inf.Sturmabzeichen Silber am 13.11. 1944	17. 7.44 – jetzt Scharfschütze
Scharfschützenabzeichen in Gold am 3.12. 1944	
am 19	
am 19	
am 19	
am 19	
am 19	

Im Vorschlag zur Verleihung des Ritterkreuzes zum Eisernen Kreuz sind neben den Personalien Hetzenauers auch seine bisherigen Auszeichnungen einsehbar.

Kurze Begründung und Stellungnahme der Zwischenvorgesetzten:

Gefreiter Hetzenauer hat sich als Scharfschütze durch besonders hervorragende Einsatzfreude und tollkühnes Kämpfertum ausgezeichnet. In der Zeit vom 1.9.44 - 10.3.1945 hat er 172 bestätigte Scharfschützenabschüsse erzielt. H., ein einfacher, bescheidener Jäger, kämpft täglich ohne Befehl im selbständigen Handeln mit einer beispiellosen Tapferkeit unermüdlich und ohne Rücksicht auf dauernd drohende Lebensgefahr und wurde durch seine tollkühnen Unternehmungen als Einzelkämpfer divisionsbekannt. Die meisten seiner Abschüsse erzielte H. dadurch, daß er sich vorwärts der eigenen H.K.L. unmittelbar vor den feindlichen Stellungen einnistet und dort ohne Rücksicht auf eigenes oder feindliches Artilleriefeuer oder feindliche Angriffe oder Stoßtruppunternehmungen sich seine Opfer sucht.

So hatte er am 2.2.45 allein während eines feindlichen Angriffsunternehmens, wieder vor den feindlichen Stellungen liegend, 18 Scharfschützenabschüsse erzielt. H. hat damit allein als Gesamtergebnis zwei kampfkräftige feindliche Kompanien außer Gefecht gesetzt und im eigenen Handeln somit einen Erfolg über den Rahmen seines eigenen Wirkungsbereiches hinaus erzielt.

Klatt

(Klatt)
Generalleutnant u. Divisionskommandeur

Generalkommando XXXXIX. (Geb.)A.K. — K.Gef.Std., den 16.3.1945
Abt. II a Az. 29 / RK

U.

Armeegruppe Heinrici -IIa-.

Der Vorschlag der 3.Geb.Division zur Verleihung des Ritterkreuzes des Eisernen Kreuzes an den Scharfschützen Gefr. Hetzenauer, 7./Geb.Jäg.Rgt.144, wird befürwortet.

v. Le Suire

(v. Le Suire)
General der Gebirgstruppe
u.Kommandierender General.

1. Panzer-Armee	
Eing. 19 MRZ 1945	
Anl. 2x	

Hier begründet Generalleutnant Paul Klatt die besonderen Verdienste Hetzenauers als Scharfschütze. Dabei werden auch seine 172 bestätigten Scharfschützenabschüsse innerhalb von sechs Monaten genannt.

mit der Hypothek leben, viele Leben ausgelöscht zu haben, nicht anonym, sondern Auge in Auge mit ihren Gegnern. Fast alle verschlossen sich mit diesem Wissen für den Rest ihres Lebens. Kaum einer ist bereit, ungeschöntes Zeugnis zu geben.“[34]

Diese Aussage trifft hundertprozentig auch auf den introvertierten Tiroler Sonnleitbauern Matthäus Hetzenauer zu. Denn „nach so vielen Jahren verwischte zwangsläufig vieles in der Erinnerung des Berichtenden, und nur Schlüsselerlebnisse bleiben.“[35]

Doch damit nicht genug: „Es stellte sich dem Biographen noch ein weiteres Problem, das in einem schlichten Sprichwort trefflich zum Ausdruck kommt. ‚Wer gewinnt, hat recht und wer verliert, ist schlecht‘. Während russische und alliierte Scharfschützen bis heute als Helden verehrt werden“, so Albert Wacker in seiner Biografie über Josef Allerberger, „gelten die deutschen Scharfschützen, auch im eigenen Land, vielen als ruchlose Mörder. Aus diesem Grund erschien es in den ersten drei Auflagen unerlässlich, den Protagonisten dieser Studie durch Anonymität zu schützen. Viele Namen waren daher fiktiv. Doch der Inhalt entsprach realem Geschehen. Erst zur vierten Auflage erklärte Josef Allerberger sich bereit, sein Pseudonym aufzugeben. [...]

Josef, genannt Sepp, Allerberger war ein Tischlergeselle aus der Steiermark, der in den ersten Julitagen des Jahres 1943 an der Ostfront in den Sog eines sich immer enger drehenden Strudels der Ereignisse gerissen wurde. Mittelpunkt seines Lebens sollten bis zum Kriegsende, im Mai 1945, die Kameraden und Geschicke des Regiments 144 der 3. Gebirgsdivision werden. Die Soldaten dieses Verbandes rekrutierten sich hauptsächlich aus der Alpenregion. Diese ethnische Geschlossenheit sollte einer der tragenden Gründe für die hohe Kampfmoral dieser Truppe sein.“[36]

Den Recherchen des Militärschriftstellers Oberst Karl Ruef zufolge konnte Josef Allerberger „durch Zeugen nachweisen, dass ihm Generalfeldmarschall Schörner am 20. April 1945 in Mönichshof das Ritterkreuz für insgesamt 257 beglaubigte Abschüsse verliehen hat.“[37]

Der Gefreite Bruno Sutkus, ein bisher wenig bekannter, aber dennoch sehr erfolgreicher Scharfschütze der Wehrmacht, erhielt für seine hohe Abschussquote zum Jahresende 1944 ein förmliches Anerkennungsschreiben vom Oberbefehlshaber der 4. Panzerarmee, dem die Berlin-Brandenburgische 68. Infanteriedivision seinerzeit unterstellt war. Er ging als Angehöriger des II. Bataillons des Grenadierregiments 196 unter anderem als Sieger von Scharfschützenduellen mit Scharfschützen der Roten Armee hervor, „die er aufgrund seiner Erfahrung, seines Listenreichtums, seiner Geduld und Ausdauer und nicht zuletzt aufgrund des nötigen Quäntchen Glücks schließlich für sich entscheiden konnte.“[38]

Die Erfüllung seines Auftrages erfordert vom Scharfschützen nicht nur eine überdurchschnittliche Schießleistung, sondern darüber hinaus auch ein Höchstmaß an

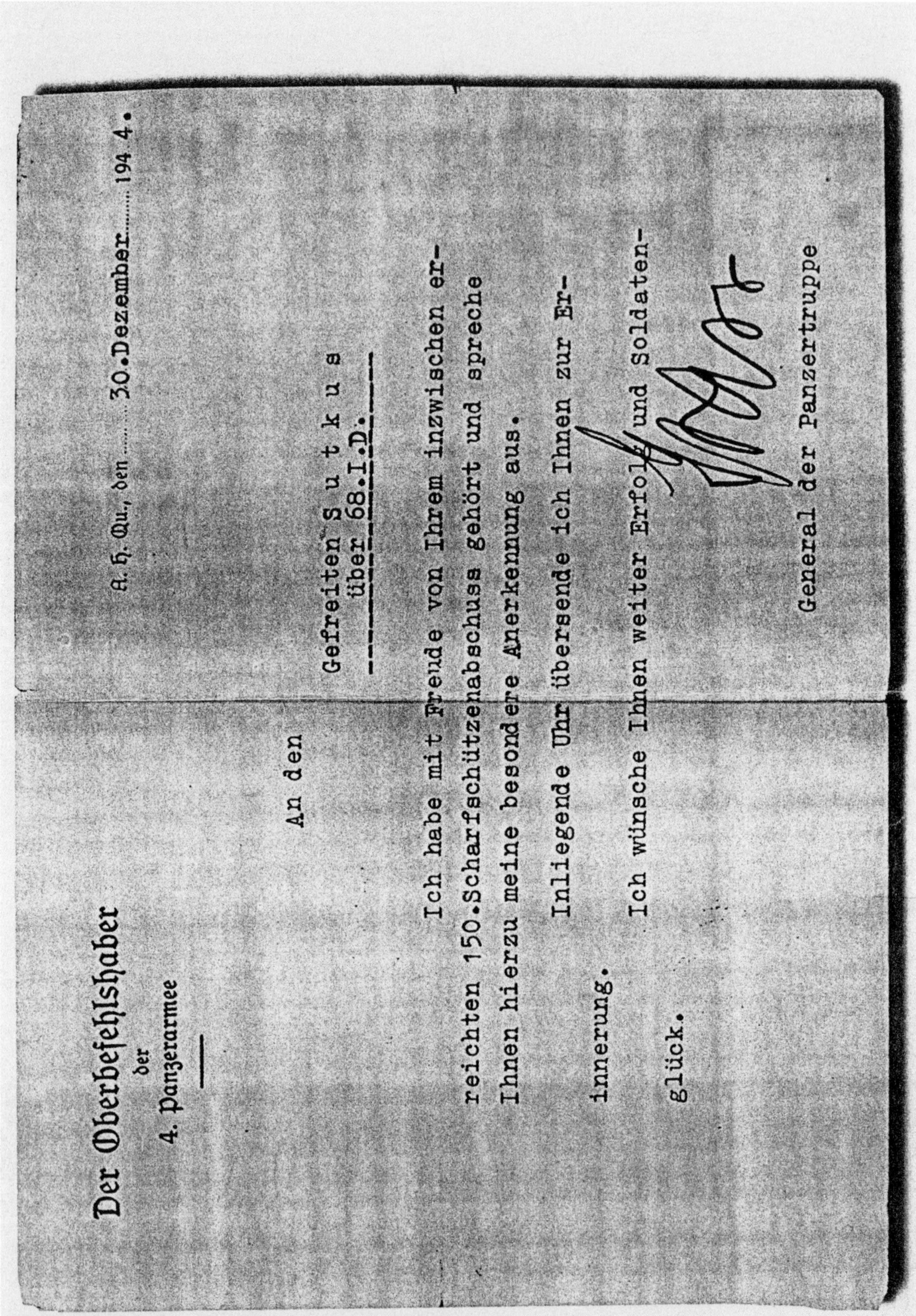

Der Oberbefehlshaber
der
4. Panzerarmee

A. H. Qu., den 30. Dezember 194 4.

An den
Gefreiten S u t k u s
über 68.I.D.

Ich habe mit Freude von Ihrem inzwischen erreichten 150.Scharfschützenabschuss gehört und spreche Ihnen hierzu meine besondere Anerkennung aus.

Inliegende Uhr übersende ich Ihnen zur Erinnerung.

Ich wünsche Ihnen weiter Erfolg und Soldatenglück.

General der Panzertruppe

Das förmliche Anerkennungsschreiben an den Gefreiten Bruno Sutkus vom Oberbefehlshaber der 4. Panzerarmee Fritz-Hubert Gräser.

taktischem Geschick sowie Geduld und Ausdauer. Eine perfekte Gesichts- und Körpertarnung spielten ebenfalls eine nicht zu unterschätzende Rolle und bildeten daher auch einen wesentlichen Bestandteil der Scharfschützenausbildung in den Seetaler Alpen.

Eine Sonderstellung unter den Scharfschützen der Wehrmacht nimmt der Oberjäger Jakob Hechl ein, der, obwohl nicht in der Liste der erfolgreichsten Scharfschützen aufgeführt, am 12. März 1945, also noch vor Matthäus Hetzenauer, als Scharfschütze der 3. Kompanie des Gebirgsjägerregiments 91 der 4. Gebirgsdivision mit dem Ritterkreuz des Eisernen Kreuzes ausgezeichnet worden sein soll.

Im Standardwerk über die „Die Ritterkreuzträger. 1939–1945" heißt es kurz und bündig: „Nicht im BA [Bundesarchiv] nachweisbar."[39] Aus diesem Grund erfolgte seinerzeit auch keine Aufnahme in das Verzeichnis der Ritterkreuzträger in der Truppengeschichte der 4. Gebirgsdivision.[40]

Das „Bozener Tagblatt" vom 18. April 1945 berichtete jedoch von einer Verleihung des Ritterkreuzes zum Eisernen Kreuz durch den Generalfeldmarschall Ferdinand Schörner an den Oberjäger und Scharfschützen im Lazarett Chemnitz. „Die Tiroler haben ein scharfes Auge und ihre sichere Hand bewiesen", heißt es dort unter anderem. „Scharfschütze in einem Gebirgsjägerregiment, mit dem er am Kuban, in den Karpaten und in den Beskiden als bewährter Späh- und Stoßtruppführer kämpfte, erzielte dieser Tage seinen hundertsten bestätigten Treffer."

Aufgrund dieser Meldung wurde Jakob Hechl auch im Tiroler Ehrenbuch über „Hohe Tapferkeitsauszeichnungen an Tiroler im Zweiten Weltkrieg" aufgenommen. Darin steht zu lesen:[41]

Er kam am 10. Juni 1921 als eines der sechs Kinder des Ehepaares Josef Hechl und Anna, geborene Rangger, Gastwirte zum „Kirchenwirt" in Vorder-Thiersee, zur Welt, besuchte dort die Volksschule und arbeitete bis zur Einberufung zum Militärdienst am 2. Oktober 1940 in der Landwirtschaft.

Die Rekrutenausbildung machte er beim Gebirgsjägerersatzbataillon 100 in Reichenhall, kam mit einem Marschbataillon nach Russland und wurde westlich Dnjepropetrowsk das erste Mal verwundet.

Wieder ausgeheilt, verschlug es ihn zur 4. Gebirgsdivision. Von nun an war bis zum Frühjahr 1945 die 3. Kompanie des Gebirgsjägerregiments 91 seine militärische Heimat.

Jakob Hechl erlebte die Kämpfe im Kaukasus, die Einschließung im Kuban-Brückenkopf, das Übersetzen auf die Halbinsel Krim, die Kämpfe westlich des unteren Dnjepr, in Rumänien, Ostungarn, in den Karpaten und in Oberschlesien.

Allein in der Aufzählung dieser Kriegsschauplätze liegt eine Unsumme von Einzelschicksalen, Verzweiflung, blutigen Opfern und auch von unerschrockenen Handlungen. Jakob Hechl gehörte zu den Unerschrockenen, zu den Späh- und Stoßtruppführern und Scharfschützen. Trotz Unterschenkeldurchschuss am Dnjepr war er bald wieder einmal bei der 3. Kompanie des Gebirgsjägerregiments 91.

Insgesamt brachte es Hechl auf 121 bestätigte Treffer.

Schon lange besaß er eine Reihe von Tapferkeitsauszeichnungen. Als er am 12. März 1945 bei Ratibor schwer verwundet wurde (Kopfschuss), wurde er in das Lazarett von Chemnitz eingeliefert. Dort besuchte ihn Mitte April Generalfeldmarschall Ferdinand Schörner und zeichnete ihn mit dem Ritterkreuz des Eisernen Kreuzes aus. Hechl besitzt heute keine Urkunde, er ist auch in Kornelimünster nicht verzeichnet, aber wer die Vorgangsweise Ferdinand Schörners kennt, dem muss der Bericht Hechls absolut glaubhaft erscheinen: Dazu kommt, dass Chemnitz wegen der Unklarheit über den Verlauf der Demarkationslinie zwischen Amerikanern und Russen mehrmals den Besitzer wechselte und den Lazarettinsassen verschiedene Dinge abgenommen wurden.

Letzten Endes kam Jakob Hechl in das Lazarett Kreuznach-Biederstein und wurde von dort als Schwerkriegsgeschädigter nach Hause entlassen.

Von einem anderen Scharfschützen der 4. Gebirgsdivision berichtete der Gebirgsjäger Gerhard Muencke vom Gebirgsjägerregiment 13. In seinem Artikel schilderte er das Duell Scharfschütze gegen Scharfschütze während der deutschen Rückzugskämpfe im Südabschnitt der Ostfront:[42]

„Wie Öl glänzten die Wasser des Dnjestr zwischen den Fronten. Die eigene HKL [Hauptkampflinie] und die Stellungen der Russen jenseits am Hochwasserdamm schienen wie ausgestorben. Doch unsichtbare Augen starrten wachsam hinüber zu den Gräben und Bunkern der Russen, die, tiefer als unsere liegend, gut eingesehen werden konnten. Keine Bewegung drüben! Und doch lauerte auch über dem Fluss der Tod. Irgendwann zerriss der dünne Knall eines Scharfschützengewehrs die träge Luft, spritzten von den Steinen eines unserer Bunker die Splitter oder das feindliche Geschoss klatschte in einen der Stämme im Wald hinter der Stellung. Auf die kleinste Bewegung reagierten sie drüben. Man tat gut daran, seinen Kopf möglichst wenig zu zeigen.

Im gedeckten MG.-Stand des II. Zuges, der genau in der Mitte der Schleife lag, die hier der Strom nach Westen machte, standen zwei Gebirgsjäger und spähten mit ihren Gläsern durch die getarnte Schießscharte. Zwei Stunden schon waren sie auf dem Anstand. Die weißen Ruinen des Dorfes blendeten herüber. Immer wieder suchten sie abwechselnd den Uferdamm ab: – nichts.

Dabei musste der feindliche Scharfschütze dort bei dem erkannten Stand des schweren M.G. sein, dessen Schussscharte jetzt geschlossen war. Angestrengt starrte der Gefreite hinüber. Im Glas lag der Uferdamm zum Greifen nah. Jetzt – eine undeutliche Bewegung. Dass er das nicht schon eher gesehen hatte! Es musste ein Tarnnetz zwischen zwei großen Steinen sein und dahinter… natürlich, das war er! Wie durch einen feinen Nebel war die Gestalt des Russen zu erkennen, der im Dunkel des Unterstandes stand. Nur sein Gesicht leuchtete matt erkennbar. Nun griff der drüben zum Glas.

‚Da – da! Drei Meter links neben dem Stand, zwischen den Steinen!' Der Kamerad zog das Zielfernrohrgewehr in die Schulter und genau im Fadenkreuz erkannte auch er jetzt den russischen Scharfschützen. Sah, wie er sein Glas weglegte, zum Gewehr griff, sich etwas nach vorn schob und – auf ihn zielte! Er musste sie im gleichen Augenblick erkannt haben wie auch sie ihn. In Sekundenbruchteilen spielte sich alles ab: Das gegenseitige Erkennen, das Zielen, das beiderseitige Schauen in den sicheren Tod. Dann zerrissen zwei Schüsse wie ein Schlag die lastende Stille. Der Gefreite sah noch, wie drüben der Russe zusammenbrach – dann schlug ihm das Gewehr seines Kameraden das Glas aus der Hand. Genau in die Mündung hatte der Iwan getroffen. Zufall und Wunder zugleich, denn nichts war passiert, nur das Gewehr hatte es zur Seite geschleudert.

‚Wer schneller schießt, hat mehr vom Leben', meinte der Gefreite nach einer Pause, als sich beide eine Zigarette ansteckten. Der andere betrachtete sinnend seine Hand, die leicht zitterte. Nun durfte sie es ja."

Die Zeichnung zeigt einen Scharfschützen der deutschen Gebirgstruppe mit seinem Scharfschützengewehr im Anschlag.

Dem Untergang entgegen

Für Deutschland zeichnete sich ein apokalyptisches Ende des Zweiten Weltkrieges ab. Hitlers Befehl „Verbrannte Erde" vom 19. März 1945 bedarf daher keines weiteren Kommentars:

„Der Kampf um die Existenz unseres Volkes zwingt auch innerhalb des Reichsgebietes zur Ausnutzung aller Mittel, die die Kampfkraft unseres Feindes schwächen und sein weiteres Vordringen behindern", heißt es da. „Alle Möglichkeiten, der Schlagkraft des Feindes unmittelbar oder mittelbar den nachhaltigsten Schaden zuzufügen, müssen ausgenutzt werden. Es ist ein Irrtum zu glauben, nicht zerstörte oder nur kurzfristig gelähmte Verkehrs-, Nachrichten-, Industrie- und Versorgungsanlagen bei der Rückgewinnung verlorener Gebiete für eigene Zwecke wieder in Betrieb nehmen zu können. Der Feind wird bei seinem Rückzug uns nur eine verbrannte Erde zurücklassen und jede Rücksichtnahme auf die Bevölkerung fallen lassen."

Gottlob verbot Großadmiral Karl Dönitz – er war nach Hitlers Tod Reichspräsident geworden und trat dieses Amt an, um die Kapitulation einzuleiten – in einem Befehl vom 5. Mai 1945 jede Zerstörung an Hab und Gut:

„Ich ordne unter Aufhebung früherer entgegenstehender Befehle an:

1. Jede Zerstörung oder Lähmung eines Betriebes, gleich welcher Art, der Land- und Wasserstraßen oder von Bahn- und Nachrichtenanlagen ist ab sofort untersagt. Die Vorbereitungen zur Zerstörung und Lähmung sind zu beseitigen. Bei bereits durchgeführten Lähmungen sind die herausgenommenen Einzelteile wieder in die Betriebe zu verbringen.
2. Maßnahmen zur Erhaltung der Werke, Bahn- und Nachrichtenanlagen sind sofort örtlich zu treffen.
3. Die Lager an Ernährungs- und Bedarfsgütern für Zivilbevölkerung sowie die entsprechenden Wehrmachtslager sind bei Feindnäherung nicht mehr zu zerstören.
4. Diese Anordnung gilt auch im besetzten Norwegen und in Böhmen und Mähren ..."

Matthäus Hetzenauer und seinen Kameraden blieb somit die Durchführung des Befehls „Verbrannte Erde" erspart, doch wie sollte es weitergehen, wenn einerseits die Ost- und Westfront immer mehr zusammenrückten und andererseits die Kampfkraft der deutschen Truppen rapide absank?

Die Verluste, die die 3. Gebirgsdivision während der letzten Kampfhandlungen zu verzeichnen hatte, waren so hoch gewesen, dass sie aufgrund des fast zum Erliegen gekommenen Nachersatzes nicht mehr ausgeglichen werden konnten. Das Auskämmen der Trosse brachte absolut nichts mehr, da sie bereits bis zum letzten Mann ausgekämmt worden waren. Die Munition war verschossen, die Ausrüstung verschlissen, die Tragtiere ausgemergelt. Die Truppe war ausgebrannt, total erschöpft, seelisch und körperlich am Ende.

In diese allgemeine Weltuntergangsstimmung, die zwar jeder registrierte, die aber dennoch niemand in letzter Konsequenz wahrhaben wollte, weil der überlebenswichtige Verdrängungsmechanismus trotz aller Ratlosigkeit und Resignation immer noch erstaunlich gut funktionierte, erhielt Generalleutnant Klatt mit seinen geschundenen Frontsoldaten die Nachricht vom „Heldentod" des Führers und Obersten Befehlshabers der Wehrmacht, Adolf Hitler.

Doch diese Nachricht brachte keine Änderung für die Fronttruppe, denn Stalin peitschte seine Rote Armee weiter erbarmungslos durch die deutschen Städte und Länder des Ostens, um das Land und die Menschen auf seine Art und Weise zu „befreien". Für viele bedeutete die sowjetische Invasion in Osteuropa jedoch Knechtschaft, Kerker, jahrelange Verbannung und den Tod. Parolen geisterten wie zum Trotz durch die ausgemergelten und verbluteten Divisionen:

„Dönitz kommt nach Prag"
„Schöner führt uns nach Hause!"
„Kapitulation kommt nicht infrage!"

Der Krieg neigte sich unübersehbar dem Ende entgegen. Generalleutnant Paul Klatt wurde der Vorschlag unterbreitet, mit der 3. Gebirgsdivision aus der Front auszuscheren und sich nach Österreich durchzukämpfen. Er lehnte dieses Angebot jedoch standhaft ab, denn ein solches Verhalten hätte seiner Meinung nach für die benachbarten Divisionen verheerende Folgen gehabt.

Am 1. Mai 1945 wurde Olsa erreicht. Zu diesem Zeitpunkt betrug die Verpflegungsstärke der 3. Gebirgsdivision immerhin noch 16.000 Mann. In ihrem Einsatzraum war die Hölle los. An den Fördertürmen der Zechen hissten die Tschechen rote Fahnen und griffen als Heckenschützen in die Kämpfe ein. Denn die Auflösung der deutschen Staatsgewalt war auch ihnen nicht verborgen geblieben.

So kam es am 5. Mai zum offenen Ausbruch des tschechischen Aufstandes, dem schließlich die Austreibung der sudetendeutschen Bevölkerung aus der wiedererstandenen Tschechoslowakei folgte. Am 6. Mai, einen Tag nach den grausamen Ausschreitungen gegen die Deutschen im böhmischen Hexenkessel, floss die Mehrzahl der deutschen Armeekorps und Divisionen hinter die March zurück – abgeschirmt vom XXXXIX. Gebirgsarmeekorps des Generals der Gebirgstruppe Carl von Le Suire, insbesondere jedoch von der 3. und 4. Gebirgsdivision, die die zurückflutenden deutschen Verbände gegen die Rote Armee abschirmten. Nun lief Generalleutnant Klatt und seinen Kommandeuren die Zeit förmlich davon, denn am 7. Mai 1945 gab es nur noch einen Weg zurück in das Heimatland, und zwar die Frontlücke bei Olmütz. Bei den Nachhutgefechten dorthin hatten die Panzerjäger und Sturmgeschütze sowie in gewisser Hinsicht auch die Scharfschützen wieder die Hauptlast des Kampfes zu tragen. Besonders der sowjetische Panzerangriff auf Neutitschein (Nový Jičín) und Alttitschein (Starý Jičín) forderte den letzten Einsatz jedes Sturmgeschützkommandanten. Im Raum von Olmütz kam es erneut zu schweren Gefechten. Sowjetische Flugzeuge warfen Flugblätter ab, in denen die Nachricht von der Kapitulation der Deutschen Wehrmacht zu lesen stand.

Am Nachmittag des 8. Mai 1945 befand sich Hetzenauers Divisionskommandeur mit der 3. Gebirgsdivision südlich von Olmütz auf dem Ostufer der March. In dieser Nacht wurde er auf das Westufer des Flusses nach Kosteletz zurückverlegt. Mit dem Kommandeur der 4. Gebirgsdivision hatte Klatt noch eine bewegte Aussprache, die damit endete, dass sowohl er als auch Generalleutnant Friedrich Breith ihre Gebirgsverbände nicht dem Feind übergeben würden. Dann traf General der Gebirgstruppe Carl von Le Suire als Kommandierender General des XXXXIX. Gebirgsarmeekorps auf dem Gefechtsstand ein.

„Meine Herren“, sagte der von allen geachtete Kommandierende General, der später in sowjetischer Kriegsgefangenschaft verstarb, „ich bringe Ihnen den Befehl zur Übergabe am 9. Mai.“

Generalleutnant Klatt riet seinem Vorgesetzten händeringend davon ab. Aber schließlich erwiesen sich die militärpolitischen Gegebenheiten als unumstößlich. Der Kommandierende General geriet auf der Rückfahrt zu seinem Korpsgefechtsstand in den Strudel der Rückwärtsbewegungen und war somit ohne Einfluss auf die weitere Befehlsgebung. Klatt entschloss sich daher, seine 3.Gebirgsdivision weiter nach Westen zu führen und versuchte, die amerikanische Demarkationslinie an der Moldau zu erreichen. Eine halbe Stunde vor Mitternacht sprach er noch einmal mit allen erreichbaren Kommandeuren, um sich bei ihnen für den beispielhaften Einsatz ihrer Truppen zu bedanken. Dann verließ er als letzter den Gefechtsstand und fuhr mit seinem Ordonnanzoffizier Hauptmann Röttgers und seinem getreuen Kraftfahrer Mathias Schmidt in einem VW-Schwimmwagen auf der Marschstraße der „Dritten“ zurück.

„Der 9. Mai“, schrieb Jürgen Thorwald in seinem Buch „Das Ende an der Elbe“ sehr anschaulich, „war ein trügerisch schöner Frühlingstag. An den Straßen blühten die Bäume, so als wollten sie den Ausbruch des Hasses verdecken, der sich zur gleichen Zeit abseits der Straßen, auf denen noch kampffähige, geschlossene deutsche Verbände marschierten, vollzog.

200 Kilometer trennten die Nachhuten an der March vom Böhmerwald, wo die amerikanischen Linien standen. 200 Kilometer waren keine Entfernung für Soldaten, welche die Strapazen des Krieges im Osten bis zur letzten Stunde überwunden hatten und hinter sich sowie in ihren Flanken den sowjetischen Gegner wussten. Einzelne

Kolonnen zu Fuß und zu Pferde wurden zwar von sowjetischen Verbänden überholt. Sie gingen verloren. Aber die Masse der Armee blieb geschlossen auf ihrem Marsch der Hoffnung."[43]

Bei Deutschbrod versuchten die Panzerjäger und Sturmgeschütze am Morgen des 9. Mai einen Sperrriegel der Sowjets zu durchbrechen. Einen Tag später gelang es Generalleutnant Klatt noch einmal, eine durch sowjetische Panzer gesperrte Rückzugsstraße durch den Major Freiherr von Ruffin mit seinen Hochgebirgsjägern und Teilen der Division „Brandenburg" für den Abfluss der motorisierten Kolonnen gewaltsam zu öffnen. Zusammen mit seinem Fahrer marschierte er bis zum 16. Mai zur Moldau. Kurz vor dem Wasserhindernis wurden sie von einer sowjetischen Maschinengewehrsicherung gefangen genommen, während am anderen Ufer der Moldau amerikanische Soldaten teilnahmslos zusahen…

Nicht viel anders erging es dem Gefreiten der Reserve Matthäus Hetzenauer, der mit seinem verehrten Divisionskommandeur in die erbarmungslose sowjetische Kriegsgefangenschaft geriet. Mit ihnen wurden am 8. Mai 1945 über zehn Millionen Deutsche zu Kriegsgefangenen. Die Sieger machten dabei aus ihrer feindseligen Einstellung gegenüber den Deutschen keinen Hehl, denn „Deutschland wird nicht besetzt zum Zwecke der Befreiung, sondern als besiegte Feindnation", lautete ihr Credo. Daher endeten die offiziellen Kampfhandlungen auch erst am 8. Mai 1945, weil Stalin, Roosevelt und Churchill seit 1943 jede Art von Verhandlungen über einen Waffenstillstand strikt ablehnten und Deutschland bis zur „bedingungslosen Unterwerfung" („unconditional surrender") niederkämpfen wollten.

In sowjetischer Kriegsgefangenschaft

Von den Rheinwiesenlagern der Amerikaner bis in die entferntesten Urwälder Sibiriens erstreckte sich dann das große Sterben der deutschen Kriegsgefangenen. Waren im Verlauf des Zweiten Weltkrieges rund drei Millionen deutsche Soldaten gefallen, so kamen in den Kriegsgefangenenlagern der Alliierten nochmals über drei Millionen um. Für Matthäus Hetzenauer und alle deutschen und österreichischen Kriegsgefangenen war der 8. Mai 1945 also alles andere als ein Tag der Befreiung, wie ihn Jahrzehnte später insbesondere die bundesdeutschen Politiker den Deutschen als einen Beitrag zur Vergangenheitsbewältigung darstellten.

Für den Gefreiten der Reserve Matthäus Hetzenauer endete die Irrfahrt durch die Ukraine im Donezbecken, wo er zu einer derart harten Zwangsarbeit herangezogen wurde, dass er bald nur mehr ein Schatten seiner selbst war. Man kann davon ausgehen, dass er diese Schreckensjahre in Stalins Gulag nicht überlebt hätte, wenn er nicht schon von Kindesbeinen an als Bergbauernbub auf den steilen Grashängen der Kitzbüheler Alpen zur entbehrungsreichen Arbeit bei kargen Essensrationen herangezogen worden wäre. Das war neben seinem unerschütterlichen Glauben eine der Ursachen für sein Überleben in der sowjetischen Knechtschaft.

Währenddessen sahen seine verzweifelten Eltern und Geschwister von Tag zu Tag immer sorgenvoller dem Briefträger hinterher; wenn dieser vom Sonnleithof wieder einmal mehr talabwärts schritt und mit der Post keine Nachricht vom Matthäus vorbeigebracht hatte. Doch eines Tages kam der so lang ersehnte erste Brief aus der sowjetischen Gefangenschaft an seine „Lieben Eltern“, wie es einleitend hieß.

Ein knappes halbes Jahrhundert später war dieses erste Lebenszeichen im Januar/Februar 2005 der Gegenstand einer Abhandlung, die der Enkel Simon Hetzenauer in der heimatlichen Hauptschule Westerndorf/Brixental unter dem Motto „Junge Menschen erforschen Alltags- und Zeitgeschichte“ für das „Österreich-Album“ in knappen, aber sehr einprägsamen Worten niedergeschrieben hat. Darin heißt es:

„Das beeindruckendste Ereignis aus den Erzählungen meines Großvaters über die Kriegsgeschehnisse war ein Brief meines Großvaters aus der russischen Gefangenschaft an seine Familie.

Mein Opa war vom Ende des 2. Weltkrieges 1945 bis zur seiner Rückkehr am 10. Januar 1950 ständig in russischer Gefangenschaft. Aus dieser schrecklichen Zeit schrieb er am 25. Januar 1947 einen Brief an seine Eltern. Dieser Brief war in altdeutscher Schrift auf ein Papier von einem Tabakbeutel, den er fein und sauber geglättet hatte, in gestochener Schrift mit Bleistift geschrieben.

Bemerkenswert an diesem Brief fand ich die Ausdruckweise, die mein Opa verwendet hatte, wie zum Beispiel: ‚Habe heute die günstige Gelegenheit, ein Brieflein

Gefreiter der Reserve Matthäus Hetzenauer von der 7. Kompanie/Gebirgsjägerregiment 144 der 3. Gebirgsdivision war der erfolgreichste Scharfschütze der Deutschen Wehrmacht.

Der Scharfschütze Jakob Hechl vom Gebirgsjägerregiment 91 der 4. Gebirgsdivision.

Am Ende des Krieges erwartete die meisten die Gefangenschaft.

Ritterkreuzverleihung am 17. April 1945 an den Gefreiten der Reserve Matthäus Hetzenauer in Friedberg (Mährisch-Ostrau).

Die Orden und Ehrenzeichen des Matthäus Hetzenauer.

Improvisierte Begrüßungsfeier von amerikanischen und russischen Soldaten bei ihrem ersten Zusammentreffen an der Elbe.

Amerikanische und sowjetische Offiziere in Torgau im April 1945.

Handschlag zwischen den Amerikanern und Sowjets im Herzen Deutschlands am 26. April 1945.

Kolonnen deutscher Kriegsgefangener marschieren nach Kriegsende durch die endlosen Weiten Russlands einer ungewissen Zukunft entgegen.

Kaiser Karl von Österreich, König von Ungarn, mit dem Kronprinzen Franz Joseph Otto.

Kronprinz Otto mit seinem Erzieher Graf Wahliss.

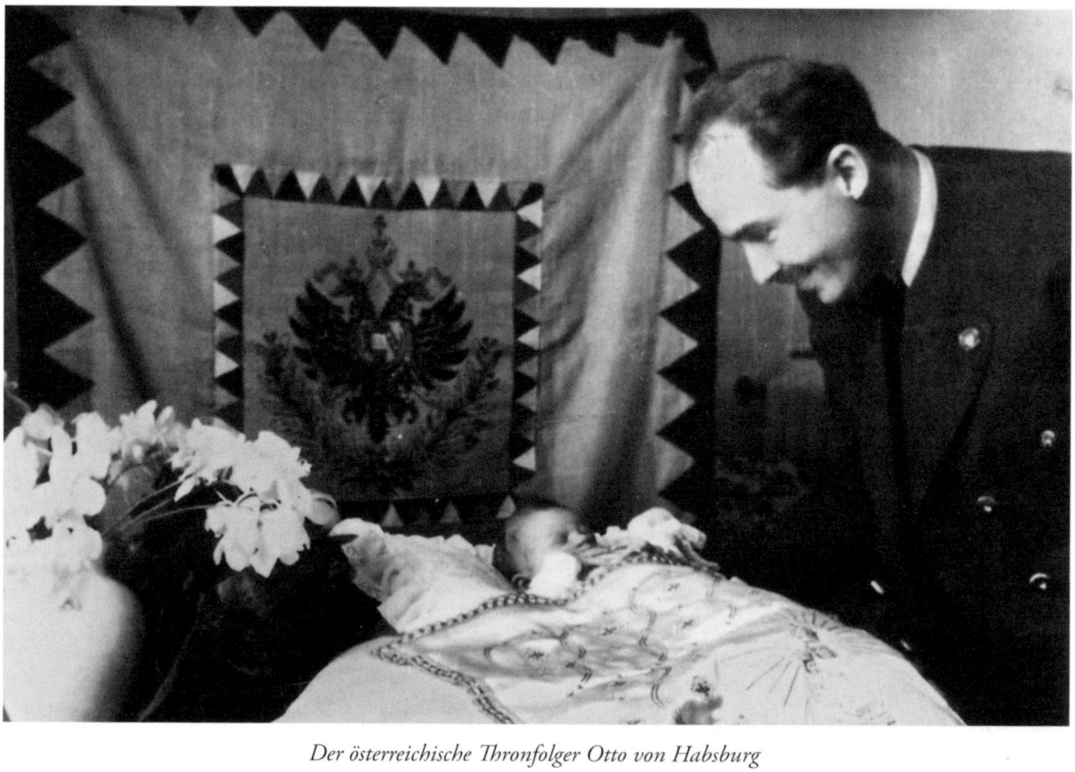

Der österreichische Thronfolger Otto von Habsburg mit seinem Erstgeborenen Karl.

Besuch des österreichischen Thronfolgers Otto von Habsburg (Mitte mit Schlips) auf dem Sonnleithof. Rechts von ihm die Eltern Simon und Magdalena Hetzenauer, links Matthäus Hetzenauer, links außen Hetzenauers Sohn Hermann.

Otto von Habsburg begrüßt Magdalena Hetzenauer, hinter ihr mit Hut Hetzenauers Vater Simon.

Brixen im Thale, die Heimat Hetzenauers.

Die Kriegerkapelle auf dem Friedhof von Brixen im Thale.

Das Hetzenauergrab auf dem Friedhof von Brixen im Thale.

Oberschützenmeister Bruno Seissl überreicht dem Obmann der Kameradschaft vom Edelweiß Wörgl und Brixental, Josef Walder, einen Pokal.

Gruppenbild vom Kameradschaftstreffen am 15. Mai 1999 in Itter im Brixental. In der Bildmitte Matthäus Hetzenauer, fünfter von links in der zweiten Reihe.

Einladung zum Jubiläums-Kameradentreffen des II. Bataillons des Kufsteiner Gebirgsjägerregiments 136/140.

Matthäus Hetzenauers Sohn Hermann in seinem Jagdzimmer.

Der Autor Roland Kaltenegger bei der Sichtung der Dokumente.

20 | BILD am SONNTAG, 1. März 2015

Scharfschützen – der Mythos stirbt zuletzt

Seit Donnerstag im Kino: Der umstrittene US-Film „American Sniper“ mit Bradley Cooper als Scharfschütze Chris Kyle. Regie: Clint Eastwood

Der Wehrmachtsgefreite Matthäus Hetzenauer bekam das Ritterkreuz, nachdem er 345 alliierte Soldaten tödlich getroffen hatte

1805 fiel der britische Admiral Horatio Nelson in der Seeschlacht von Trafalgar durch den Schuss eines Scharfschützen

Der legendäre Wilhelm Tell gilt als erster Sniper. Er musste seinem Sohn mit der Armbrust einen Apfel vom Kopf schießen

Bericht in der „Bild am Sonntag“ vom 1. März 2015.

mitzugeben …‘ Dieser Brief kam nämlich auf abenteuerliche Weise im Stiefelschaft eines deutschen Soldaten, der nach Hause in die Freiheit durfte, und weiter über einige Umwege zum Sonnleithof. In diesem Brief erfuhren seine Eltern vor allem, dass er noch am Leben war, es ihm so recht und schlecht gut gehe, er aber noch nicht nach Hause durfte, weil er zu gut zum Arbeiten war.

Man bedenke, dass mein Opa vom 19. bis zu seinem 26. Lebensjahr im Krieg und anschließend in Gefangenschaft war. Vom Erhalt des Briefes bis zur Heimkehr vergingen noch drei Jahre und als er heim kam, wog er nur noch 46 Kilo.“

Auf dem äußeren Teil des Tabakbeutels, den Matthäus Hetzenauer seinen Angehörigen aus der Kriegsgefangenschaft zugeschickt hat, kann man die Anschrift seines Vaters Simon Hetzenauer erkennen.

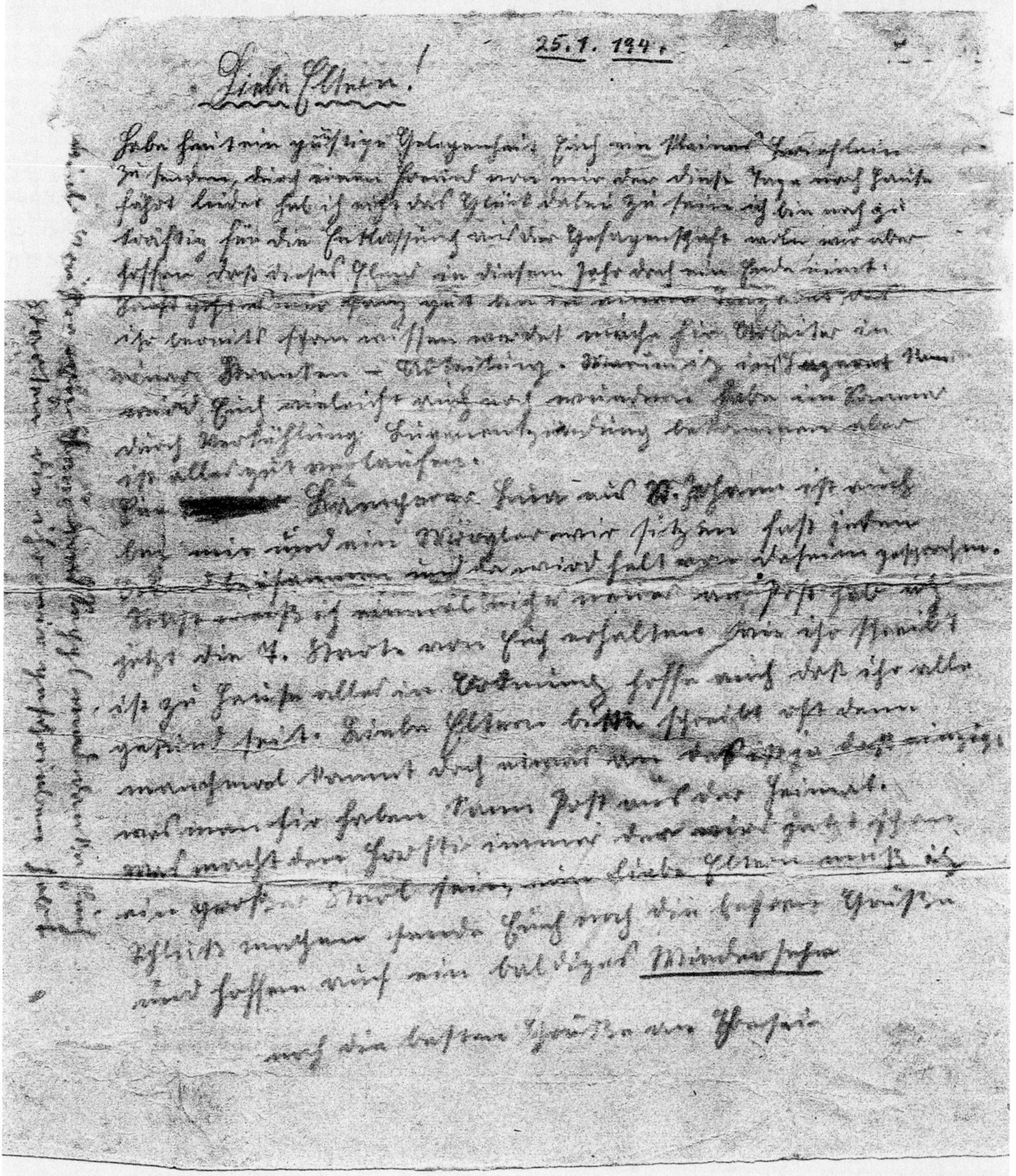

25.1.194?

Liebe Eltern!

Habe heute eine günstige Gelegenheit Euch ein kleines Lebenszeichen zu senden, durch einen Freund von mir der diese Tage nach Hause fährt leider hab ich nicht das Glück dabei zu sein ich bin noch zu kräftig für die Entlassung aus der Gefangenschaft wollen wir aber hoffen dass dieses Glück in diesem Jahr doch einmal [illegible]

[illegible]

Die Innenseite des Tabakbeutels nutzte Matthäus Hetzenauer, um in kleinster Schriftgröße möglichst viele Worte an seine Eltern richten zu können.

Hetzenauers Heimkehr auf den Sonnleithof im Brixental

Nach den harten Jahren der Knochenarbeit in Stalins Straflagern und der Gehirnwäsche durch die Folterknechte des sowjetischen Diktators, wo insbesondere den Scharfschützen eine in negativer Hinsicht betrachtete „Sonderbehandlung" zuteilwurde, konnte der traumatisierte Ritterkreuzträger Matthäus Hetzenauer nach seiner Entlassung am 10. Januar 1950 endlich seinem Herrgott in der Pfarrkirche zu Brixen im Thale oder auf seinen einsamen Bergtouren in den Kitzbüheler Alpen unter einem Gipfelkreuz danken, dass er doch noch lebend aus der Kriegsgefangenschaft heimkehren und auf den altvertrauten Sonnleithof zurückkehren konnte. Dort wurde er von seinen gealterten Eltern und den herangewachsenen Geschwistern auf das herzlichste willkommen geheißen.

Hier zog er sich zunächst ganz bewusst in die Einsamkeit zurück, um seine Gedanken zu ordnen und das grauenvolle Erlebte auch – soweit es eben ging – psychisch zu verarbeiten. Aus diesem Grunde hielt er sich jahrelang von pompös aufgezogenen Kameradschaftstreffen mit ihren selbstgefälligen Vereinsmeiern und wortgewaltigen Vorrednern zurück. Wenn er sich mit seinen ehemaligen Kameraden aus dem Kreis der ehemaligen deutschen Gebirgstruppe traf, dann war das erst sehr viele Jahre später bei kleinen Treffen im Kompanierahmen seines Gebirgsjägerregiments 144.

So traf man sich zum Beispiel im Jahre 1999 auf vielfachen Wunsch am 15. Mai zu einem Kameradschaftstreffen in Itter im Brixental. „Mehrere Krankenstände aus der Gruppe, die sich sonst alljährlich trafen, ereigneten sich zu diesem Datum und ließen uns daran denken, dass wir doch schon eine gute Zeit unseres Lebens erreichten", heißt es von dem Kompanietreffen.[44]

Originalunterschrift des Gefreiten der Reserve Matthäus Hetzenauer

Fünf Jahre später schloss der erfolgreichste Scharfschütze der Deutschen Wehrmacht am 3. Oktober 2004 für immer seine Augen, die während der erbarmungslosen Kämpfe an der Ostfront und in den anschließenden Jahren einer menschenunwürdigen sowjetischen Kriegsgefangenschaft so viel sehen und ertragen mussten. Nach dem Gottesdienst in der Pfarrkirche von Brixen im Thale wurde der Ritterkreuzträger Matthäus Hetzenauer am Nachmittag des 5. Oktober in Sichtweite des Hauptportals mit dem schlafenden Engel auf dem Totenkopf des Weihwasserbeckens beigesetzt.

†

Der Herr behüte dich, wenn du fortgehst, von nun an bis in Ewigkeit.

In Liebe und Dankbarkeit nehmen wir Abschied von meinem lieben Mann, unserem Tati, Schwiegervater, Opa, Uropa, Schwager, Onkel und Göd, Herrn

Matthäus Hetzenauer

„Sonnleit-Hois"
langjähriger Gemeinderat
Ortsbauernobmann
Ritterkreuzträger
*** 23. 12. 1924 † 3. 10. 2004**

Wir begleiten unseren lieben Tati am Dienstag, dem 5. Oktober 2004, um 14 Uhr zum Gottesdienst in die Pfarrkirche Brixen im Thale und anschließend zur letzten Ruhe. Den Rosenkranz beten wir am Sonntag und Montag um 18.30 Uhr.

Brixen im Thale, Berlin, Koblach, am 3. Oktober 2004.

In Liebe und Dankbarkeit:
Moidi, Gattin
deine Kinder
Hoisl und **Christl** mit **Christiane, Johanna** und **Simon**
Marlene und **Peter**
Hermann mit Kindern **Michaela** und **Christoph**
Christopher und **Felix,** Urenkel
im Namen aller Verwandten

Anstelle von Blumen und Kränzen bitten wir um Spenden für den Sozial- und Gesundheitssprengel Westendorf-Brixen oder für die Orgel der Pfarrkirche.

Todesanzeige für den am 3. Oktober 2004 verstorbenen Matthäus Hetzenauer, mit der die Angehörigen Abschied nehmen.

Sonnleitbauer Matthäus Hetzenauer zum Gedenken

BRIXEN

Matthäus Hetzenauer, Sonnleit-Hois, Altbauer auf dem Sonnleithof, ist wenige Wochen vor dem Erreichen des 80. Lebensjahres verstorben.

Er bewirtschaftete mit der Familie einen großen Hof in der Fraktion Lauterbach, war stets ein Neuerungen aufgeschlossener Bauer und konnte den Betrieb an die tüchtige Familie des Sohnes Matthäus übergeben, der dem Vater auch in öffentlichen Funktionen nachfolgte.

Matthäus Hetzenauer verwirklichte auf dem Hof zahlreiche Verbesserungen und war innerhalb des Braunviehzuchtvereins Lauterbach ein Pionier, einige Zeit war er auch als Obmann tätig. Er wirkte durch zwei Perioden als durch Urwahlen bestellter Bauernbundobmann, durch Jahre war er Kammervertreter und Umstellungsobmann. Sechs Jahre gehörte der aufgeschlossene Bergbauer auch dem Gemeinderat an. Über 20 Jahre war er Ortsvertreter in der Höfekommission, zudem wirkte er im Vorstand der Raiffeisenkasse. Der Tiroler Bauernbund verlieh ihm 1977 das silberne Ehrenzeichen.

Hetzenauers Leben wurde durch den Krieg stark beeinflusst. Mit 18 Jahren rückte er zu den Gebirgsjägern ein, er war ab Jänner 1943 bei den Rückzugskämpfen als Scharfschütze im Einssatz. Hetzenauer wurde mit dem Ritterkreuz und anderen selten verliehenen Kriegsorden ausgezeichnet. Seit der Heimkehr war Hetzenauer gesundheitlich beeinträchtigt und litt unter den schrecklichen Erlebnissen und Erfahrungen zeitweise sehr stark. Familie und Beruf gaben ihm Lebenskraft und ermöglichten eine ungewöhnlich erfolgreiche Laufbahn als Bauer, als Bauernvertreter und im öffentlichen Leben.

H.W.

In diesem Nachruf wird vor allem das Leben nach seinem Einsatz als Scharfschütze kurz resümiert.

Alles hat seine Zeit –
eine Zeit der Arbeit,
eine Zeit der Liebe,
eine Zeit der Trauer,
eine Zeit der dankbaren Erinnerung –
und für alles was geschieht,
gibt es eine bestimmte Stunde.

In Liebe und Dankbarkeit nehmen wir Abschied von meinem lieben Mann, unserem Tati, Schwiegervater, Opa, Uropa, Schwager, Onkel und Göd, Herrn

Matthäus Hetzenauer

Sonnleit – Hois

der am Sonntag, dem 3. Oktober 2004, im 80. Lebensjahr wohlvorbereitet von uns gegangen ist.

Wir begleiten unseren lieben Tati am Dienstag, dem 5. Oktober 2004 um 14 Uhr, zum Gottesdienst in die Pfarrkirche Brixen i. Thale und anschließend zur letzten Ruhe.

Den Rosenkranz beten wir am Sonntag und Montag jeweils um 18.30 Uhr.

Brixen i. Thale, Berlin, Koblach, am 3. Oktober 2004.

In Liebe und Dankbarkeit:

Moidi – Gattin

Deine Kinder:
Hoisl und Christl mit Christiane, Johanna und Simon
Marlene und Peter
Hermann mit Kindern Michaela und Christoph
Christopher und Felix – Urenkel

sowie im Namen aller Verwandten.

Anstelle von Blumen und Kränzen bitten wir um Spenden für den Sozial- und Gesundheitssprengl Westendorf-Brixen oder für die Orgel der Pfarrkirche.

Eine weitere Todesanzeige für Matthäus Hetzenauer, der am 5. Oktober 2004 in seinem Geburtsort Brixen im Thale zur letzten Ruhe gebettet wurde.

Gefreiter der Reserve Matthäus Hetzenauer

Geboren am 23. Dezember 1924 in Brixen im Thale.
Verstorben am 3. Oktober 2004 in Brixen im Thale.

Letzte Dienststellung:
Scharfschütze der 7. Kompanie des Gebirgsjägerregiments 144 der 3. Gebirgsdivision.

Beförderungen:
Gefreiter der Reserve am 11. April 1945

Orden und Ehrenzeichen:
Eisernes Kreuz II. Klasse am 1. September 1944
Verwundetenabzeichen in Schwarz am 9. November 1944
Infanteriesturmabzeichen in Silber am 13. November 1944
Eisernes Kreuz I. Klasse am 25. November 1944
Scharfschützenabzeichen in Gold – Goldener Scharfschützenadler, der nur einmal verliehen wurde – am 3. Dezember 1944
Ritterkreuz des Eisernen Kreuzes am 17. April 1945

Teilnahme an Feldzügen:
Ostfeldzug 1944 bis 1945

Nachwort

Im Spätherbst 1983 weilte der Autor auf Einladung der Hanns-Seidel-Stiftung zwischen dem 14. und 17. November im Straßburger Europaparlament, wo es nach einer leidenschaftlich geführten Debatte über die Nachrüstung des Westens zu einem Meinungsaustausch mit Mitgliedern des Europäischen Parlamentes gekommen ist. Unter ihnen befand sich auch der CSU-Europaabgeordnete Otto von Habsburg. Tags darauf kam es am 16. November während einer mehrstündigen Gesprächsrunde zu einem längeren Gedankenaustausch zwischen dem ehemaligen k. u. k. Kronprinzen und dem Verfasser dieser zeitgeschichtlichen Biografie.

Dabei kamen wir auf die altösterreichische Gebirgstruppe der k. u. k. Doppelmonarchie mit ihren ruhmreichen Kaiserjägern und Kaiserschützen sowie auf die Waffentaten der Österreicher in den Reihen der Wehrmacht während des Zweiten Weltkrieges zu sprechen. Nebenbei erwähnte er unter anderem auch den Ritterkreuzträger Matthäus Hetzenauer und seinen Besuch auf dem Sonnleithof im Brixental, denn Otto von Habsburg war den stolzen und wehrhaften Tirolern Zeit seines Lebens besonders eng verbunden.

Später begegneten wir uns anlässlich der Erler Passionsspiele, denn der ehemalige Habsburger Thronfolger war neben über 1.000 österreichischen Städten und Gemeinden auch Ehrenbürger des Tiroler Passionsspielortes. Die Idee, über den erfolgreichsten Scharfschützen der Wehrmacht ein Buch zu schreiben, konnte ich seinerzeit aufgrund langjähriger Weltreisen und anderer Projekte bedauerlicherweise nicht verwirklichen, obwohl Otto von Habsburg die Veröffentlichungen des Autors über die Gebirgstruppe stets mit großem Interesse verfolgte.

Hierzu wurde ich erst Jahrzehnte später durch die erfolgreiche Reihe „Zeitgeschichtliche Biografien“ ermutigt. Und da es von der Tiroler Festungsstadt in das benachbarte Brixental nicht sehr weit ist, begab ich mich auf den Sonnleithof in die Kitzbüheler Alpen, wo mich die Angehörigen des Ritterkreuzträgers Matthäus Hetzenauer äußerst gastfreundlich empfingen und mir bis dato unveröffentlichte Dokumente in Wort und Bild aus dem Familienbesitz dankenswerterweise übereigneten.

Roland Kaltenegger
Kufstein/Tirol
im Sommer 2015

HINDENBURGSTRASSE 15
8134 PÖCKING b. STARNBERG
(OBERBAYERN)

22. November 1987.

TELEFON (0 81 57) 70 15

Sehr geehrter, lieber Herr Kaltenegger,

Haben Sie vielen herzlichen Dank für Ihren freundlichen Brief vom 20. November, der mich ganz besonders gefreut hat. Ebenso möchte ich Ihnen wärmstens für das Buch "Kampf der Gebirgsjäger um die Westalpen und den Semmering" danken. Ich schätze dieses, sowie Ihren Brief als Zeichen unserer alten Verbundenheit in gemeinsamen Idealen. Mehr denn je bin ich der Überzeugung, dass wir, wenn wir nicht lockerlassen, unser Ziel erreichen werden.

Mit herzlichsten Grüssen,

OTTO VON HABSBURG

Brief des ehemaligen CSU-Europaabgeordneten Otto von Habsburg, der den Autor schon vor Jahrzehnten dazu ermutigte, ein Buch über Matthäus Hetzenauer zu schreiben.

Fußnoten

[1] Eppacher, Wilhelm/Ruef, Karl: Hohe Tapferkeitsauszeichnungen an Tiroler im Zweiten Weltkrieg. Innsbruck 1975. S. 31.
[2] Kaltenegger, Roland: Generaloberst Eduard Dietl. Teil 1 u. 2. Würzburg 2012.
[3] Kaltenegger, Roland: Generalfeldmarschall Ferdinand Schörner. Teil 1 u. 2. Würzburg 2014.
[4] Janner, Ferdinands: Geschichte der Bischöfe von Regensburg. Bd. 2, S. 42.
[5] Hetzenauer, Franz: Das Geschlecht der Hetzenauer. [i. Ms.]
[6] Wehrausbildung in Wort und Bild. 1969, H. 7, S. 299.
[7] Law, Richard D.: Karabiner 98k. 1934 bis 1945. K98k als Scharfschützenwaffe. Stuttgart 2012.
[8] Farey, Pat/Spicer, Mark: Scharfschützen. Meister der Geduld. Stuttgart 2010.
[9] Brookesmith, Peter: Scharfschützen. Geschichte – Taktik – Waffen. Stuttgart 2004. S. 46.
[10] Deutsche Militärzeitschrift. Nr. 77, S. 26.
[11] Kaltenegger, Roland: Deutsche Gebirgstruppen im Ersten Weltkrieg. Von den Dolomiten nach Verdun. Von den Karpaten zum Isonzo. Würzburg 2014.
[12] Schmidkunz, Walter: Der Kampf über den Gletschern. 3. Aufl. München 1918. S. 214.
[13] Zentner, Christian (Hrsg.): Soldaten im Einsatz. Die Deutsche Wehrmacht im Zweiten Weltkrieg. Hamburg o. J. S. 176.
[14] Brookesmith: Scharfschützen. S. 72.
[15] Ebenda, S. 73.
[16] Ebenda, S. 77.
[17] Ebenda, S. 77.
[18] Wacker, Albrecht: Im Auge des Jägers. Der Wehrmachts-Scharfschütze Josef Allerberger (Eine biographische Studie). 8. Aufl. Herne 2009. S. 27.
[19] Hübner, Siegfried F.: Scharfschützen-Schießtechnik. Lichtenwald 1989. S. 42.
[20] Brookesmith: Scharfschützen. S. 98.
[21] Kaltenegger, Roland: Generalleutnant Paul Klatt. Vom Gebirgspionier zum letzten Kommandeur der 3. Gebirgsdivision. Würzburg 2014. S. 108 ff.
[22] Klatt, Paul: Die 3. Gebirgsdivision. 1939–1945. Bad Nauheim 1958. S. 278 f.
[23] Ebenda, S. 282.
[24] Ebenda, S. 282.
[25] Ebenda, S. 284.
[26] Wacker: Im Auge des Jägers. S. 35.
[27] Ruef, Karl: Odyssee einer Gebirgsdivision. Die 3. Gebirgsdivision im Einsatz. Graz, Stuttgart 1976. S. 527 f.

[28] Die Berichte des Oberkommandos der Wehrmacht. 1939–1945. München 2004. Bd. 5, S. 332.

[29] Klatt: Die 3. Gebirgsdivision. S. 306 f.

[30] Die Berichte des Oberkommandos der Wehrmacht. Bd. 5, S. 384.

[31] Klatt: Die 3. Gebirgsdivision. S. 314 f.

[32] Die Berichte des Oberkommandos der Wehrmacht. Bd. 5, S. 523.

[33] Wacker: Im Auge des Jägers.

[34] Ebenda, S. 8.

[35] Ebenda, S. 9.

[36] Ebenda, S. 9.

[37] Ruef: Odyssee einer Gebirgsdivision. S. 527.

[38] Brookesmith: Scharfschützen. S. 58.

[39] Seemen, Gerhard von: Die Ritterkreuzträger. 1939–1945. Die Ritterkreuzträger sämtlicher Wehrmachtsteile. Brillanten-, Schwerter- und Eichenlaubträger in der Reihenfolge der Verleihung. Friedberg 1976. S. 379.

[40] Kaltenegger, Roland: Gebirgssoldaten unter dem Zeichen des „Enzian". Schicksalsweg und Kampf der 4. Gebirgsdivision 1940–1945. Graz, Stuttgart 1983.

[41] Eppacher/Ruef: Hohe Tapferkeitsauszeichnungen an Tiroler im Zweiten Weltkrieg. S. 27.

[42] Braun, Julius: Enzian und Edelweiß. Die 4. Gebirgsdivision 1940–1945. Bad Nauheim 1955. S. 225.

[43] Thorwald, Jürgen: Das Ende an der Elbe. 36.-41. Tsd. München, Zürich 1972. S. 301.

[44] Die Gebirgstruppe. 1999, H. 5, S. 61.

Roland Kaltenegger

Deutsche Gebirgsjäger im Zweiten Weltkrieg

364 Seiten, 286 S/W-Abbildungen,
Format 17 x 24 cm,
gebunden mit farbigem Überzug.

ISBN 978-3-8035-0005-2

€ 14,95 (D)/€ 15,40 (A)

Im Jahre 1935 schlug die Geburtsstunde der deutschen Gebirgstruppe des Zweiten Weltkriegs: Aus den wenigen Gebirgseinheiten des sogenannten 100.000-Mann-Heeres und aus bergerfahrenen Angehörigen der Bayerischen Landespolizei entstand die erste geschlossene Gebirgsbrigade, die 1938 zur Stammdivision der deutschen Gebirgstruppe erweitert wurde.

Bis 1945 stellte das Heer insgesamt elf Gebirgsdivisionen auf, darüber hinaus weitere selbstständige Bataillone und Verbände wie die Skijäger und Hochgebirgsbataillone.

Roland Kaltenegger schildert in dieser Dokumentation ihre Einsätze von 1939 bis 1945 in Fels und Eis. Die Gebirgsjäger kämpften meist unter härtesten klimatischen Bedingungen und an den Brennpunkten des Kriegsgeschehens: In Narvik, auf dem Balkan, auf Kreta, am Eismeer, im karelischen Urwald, im Hochkaukasus, in den Tundren Lapplands, am Monte Cassino und zuletzt in den winterlichen Westalpen.

Zahlreiche Fotos, Karten und Skizzen ergänzen dieses hochinteressante Kapitel deutscher Heeresgeschichte in dem Standardwerk „Deutsche Gebirgsjäger im Zweiten Weltkrieg“, das als Klassiker der Militärliteratur gilt.